ROMPIENDO LOS LÍMITES

EDWIN SANTIAGO

Vida

DEDICADOS A LA EXCELENCIA

©2004 Editorial Vida
Miami, Florida

Edición: *Gisela Sawin*

Diseño interior: *Grupo Nivel Uno, Inc.*

Diseño de cubierta: *Grupo Nivel Uno, Inc.*

ISBN: 0-8297- 3820-7

Categoría: Vida cristiana / Crecimiento

Impreso en Estados Unidos de América
Printed in the United States of America

04 05 06 07 08 ❖ 08 07 06 05 04 03 02

Contenido

Dedicatoria

Dedico este libro a mi Padre Celestial por ser mi
inspiración, sustento diario y amigo eterno.
A mi padre terrenal el Rvdo. José Santiago Ríos
por haber sido mi maestro y consejero durante los
años de mi niñez y juventud. Su ejemplo marcó
mi vida y la de cientos de personas a las que
ministró con amor, dedicando su vida al servicio
de Dios, hasta el día en que partió a su presencia.

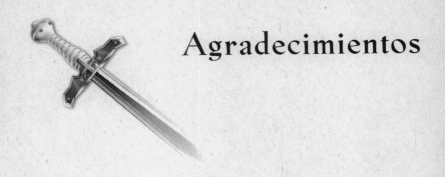

Agradecimientos

No podría comenzar este libro sin reconocer y agradecer a mi madre Olga López de Santiago, destacada esposa y sierva del Dios eterno, mujer comprometida con la visión sin descuidar su primer ministerio: la familia.

A mi querida Zelided, el regalo de Dios a mi vida. Eres quien día a día me anima y alienta a seguir en esta maravillosa tarea pastoral. Eres la perfecta compañera, ayuda idónea y madre ejemplar.

A mis niñas Karely y Karem, son mis hijas preciosas, gracia eterna de Dios a mi vida, fueron llamadas para amarlo y servirlo cada día de sus vidas.

A mi hijo Kerwin, querido compañero de ministerio y parte esencial de mi equipo pastoral. Eres mi orgullo de padre.

A mis nietas maravillosas: Kiana, Karena y Katiana. Herencia de Dios son los nietos y ustedes son mi mejor legado.

A mi equipo pastoral de Tabernáculo de amor, fieles y amados consiervos, estamos unidos por la misión ministerial eterna.

A la congregación de Tabernáculo de amor, una iglesia fiel y comprometida con la Gran Comisión que nos fue designada.

A cada uno de ellos: ¡Gracias!

Prólogo

Algunos escritores cristianos publican en la página impresa conceptos nacidos del análisis personal de la Biblia y otras veces de sus propios puntos de vista. Yo mismo he decidido no ser uno de ellos. He decidido escribir libros basados en mi experiencia espiritual, en el diario caminar en las sendas de Dios.

El pastor Edwin Santiago, es uno de esos escritores que no simplemente comparten ideas o conceptos bíblicos. Mi querido hermano y amigo, Edwin, abre su corazón y comparte en este libro el proceso que atravesó, de un joven acomplejado y enfermizo a un poderoso hombre de Dios.

Conocí al pastor Edwin a través de mi amistad con su padre, el Evangelista Santiago Rios de Puerto Rico. Este ungido hombre de Dios que ya está en los dulces brazos de Jesús, fue uno de los hombres que Dios usó para transformar mi vida. Nunca me olvidaré cuando Santiago Rios me ministraba en el Espiritu, hablándome acerca de cómo Dios me amaba y me estaba formando. Al oirlo, no comprendía porqué la persona que yo era en realidad no era en lo mas mínimo como Santiago Rios me describía. Hoy puedo decir que soy como Santiago Rios me describió hace quince años. Los límites religiosos y tradicionales obstruían la visión de Dios para con mi vida.

Bueno, de esa raíz nace el pastor Edwin Santiago. Él también recibió de su padre la misma palabra profética.

Si usted se identifica con sus palabras, este libro lo propulsará a una nueva actitud espiritual y hacia el cumplimiento del propósito más sublime que un ser humano puede cumplir: *glorificar a Dios con su vida, sin limitaciones, en la libertad de la fe en un Dios Todopoderoso.*

David Greco
Ministerio Cielos Abiertos

Prefacio

Uno de los tesoros más impresionantes que posee el hombre es la mente; y una de las virtudes que tiene la mente humana es «el poder de renovación». En otras palabras, la capacidad de adquirir información y de rechazar información.

Sabemos que los pensamientos básicos se forman en la etapa de la niñez, pero, nuestra mente tiene la virtud de almacenar cualquier cantidad de información, y a la vez, desactivar todo aquello que no necesita.

El apóstol Pablo hablando en la carta a los Romanos dice:

«No os conforméis a este siglo, más transformaos por medio de la renovación de nuestro entendimiento» (Romanos 12.2).

En otras palabras si hay cosas en nosotros que nos atrasan, cosas que nos dañan, cosas que nos impiden avanzar hacia nuestra meta… debemos examinarnos, pues, lo que el hombre tiene en su mente, influye en su vida.

En ocasiones cuando la Biblia habla del corazón se refiere a la mente.

«Porque de la abundancia del corazón habla la boca».

Esto se refiere a todo lo que hay en tu mente, historias, episodios, recuerdos… y de esa abundancia de pensamiento que a veces, nos impulsan hacia delante, y otras veces nos paralizan y nos hacen prisioneros de nuestro pasado.

El pastor Edwin Santiago, nos habla como pastor, consejero, como amigo y como un padre. Nos ofrece la clave para que podamos «romper los límites».

En este libro el pastor Edwin Santiago, pone en nuestra mano la llave hacia nuestra libertad mostrándonos doce formas de usar esta llave.

1. La llave que abre la puerta del palacio para que puedas sentarte a la mesa con el Rey.
2. La llave para que encierres en el baúl del olvido a los que vengan a desanimarte.
3. La llave para que abras la puerta que te llevará a las afueras de Egipto y te pondrá frente a la tierra de la bendición.
4. La llave para salir de tu desierto a tu destino.
5. La llave que te ha sido dada solo a ti porque es tu turno.
6. La llave que abre los cielos hasta que la lluvia llene los estanques y termine tu sequía.
7. La llave que abre la puerta que lleva hacia la alegría y el gozo donde tus enemigos serán confundidos.
8. La llave que abre la puerta a la vida abundante, la vida Zoe.
9. La llave que te da acceso al corazón de Dios, a la intimidad con Dios, la que te lleva a un lugar llamado «Plenitud».
10. La llave que abre la bodega donde el enemigo esconde el tesoro que te pertenece y recuperes lo que has perdido.

11. La llave para que abre las puertas y las ventanas de tu habitación, para que te extiendas más allá de tus límites.

12. La llave que se llama oración, la que abre los cielos, la que te hará escuchar su voz de trueno, la que te dará dirección. Recuerda que con dirección e inteligencia se gana la guerra.

Mi apreciado hermano, cada página de esta libro expone el corazón de un hombre que ama a Dios. Un pastor que desea que vivas a la altura de tu destino profético. Que vivas en Dios.

Agradezco al pastor Edwin Santiago, por este valioso libro, que es un arma poderosa de guerra muy bien equilibrada.

NO TE RINDAS
René González
Pastor: Iglesia «CASA DE JÚBILO»
San Juan, P.R.

Introducción

ROMPE LAS BARRERAS QUE TE LIMITAN

A principios del siglo pasado, el escultor Gutzon Borglum echó un vistazo a los peñascos de las Montañas Negras de Dakota del Sur y tuvo una visión futurista que nadie más había imaginado: los rostros esculpidos de los presidentes estadounidenses George Washington, Thomas Jefferson, Abraham Lincoln y Theodore Roosevelt.

Borglum y sus colaboradores se suspendieron de cuerdas a una altura de más de 150 metros por encima del valle. Usaron desde cinceles hasta dinamita para crear los rostros a cinco pisos de altura. Se necesitaron 14 años para terminar el proyecto.

El ama de llaves de Borglum a veces iba a visitar el proyecto. Una vez preguntó a un trabajador: «¿Cómo supo el señor Borglum que el señor Lincoln estaba en esa roca?». ¿Cómo? Borglum sabía lo que había en la roca porque vio con su ojo de artista lo que podía crear a partir de la materia prima con la cual tenía que trabajar.

Dios, con su ojo artístico ve el potencial en el material humano menos prometedor y más difícil de todos. Con sus amorosas manos empieza a hacer de nosotros un monumento a su genio y su gracia. Dios nos amó y nos dio su vida en Cristo.

> *El camino hacia esa nueva dimensión espiritual tiene como único límite la fe.*

Para acceder a una nueva dimensión espiritual y natural es necesario romper con aquellas estructuras que impiden ver lo que hay detrás y que tiene la forma de tu vida. Para ello es necesario ingresar a áreas espirituales que deberás modificar o profundizar. El camino hacia esa nueva dimensión espiritual tiene como único límite la fe.

Allí solo podrán entrar aquellos que acepten el desafío de romper los límites que el mundo intentó estipular sobre sus vidas. Las palabras de fe que encontrarás en estas páginas te guiarán a un nivel superior donde las limitaciones físicas, emocionales y espirituales serán quebradas para así poder acceder a los lugares que Dios ha preparado para todo aquel que se anime a creer.

Rvdo. Edwin Santiago
West Palm Beach
Florida, USA

Capítulo 1

DEL LODEBAR AL PALACIO

Cuenta la historia que Roberto Bruce fue coronado rey de Escocia en 1306 y reinó hasta 1370. Pero poco después de ser coronado, el rey de Inglaterra envió su ejército a luchar contra él. El resultado de esa guerra se mantuvo indefinido durante algún tiempo. Unas veces vencía Bruce; otras era vencido. Sin embargo, llegó a una situación en que pareció derrotado definitivamente y se vio obligado a refugiarse en uno de los tres islotes llamados Rathlin (Rathlin O'Birne) que se hallan mar adentro a unos dos kilómetros del Cabo Teelin.

Un día mientras caminaba a través de la isla pensando en que su trono se había perdido para siempre su vista se fijó sobre una araña. La vio luchar mientras trataba de unir su tela en la rama de un árbol. La vio fracasar seis veces hasta que por fin logró su objetivo al intentarlo por séptima vez.

Roberto Bruce, que también había fracasado seis veces, al ver cómo aquella araña en el séptimo intento lograba lo que se proponía, sintió que eso era un aviso del cielo. Poco después abandonaba la isla para agrupar a su lado unos 300 hombres que le eran fieles. Con ellos desembarcó en Carrick y a media noche sorprendió a la guarnición inglesa en el castillo de Turnberry. Enseguida derrotó al conde de Gloucester y siguió triunfando hasta que reconquistó toda Escocia y con ello su trono. Cuando leí este texto histórico mi corazón se animó a desafiar a todos aquellos que hasta hoy han vivido una vida de fracaso y derrota. Pero Dios nos ha dado oportunidades a cada uno y es nuestra decisión aceptarla.

> *Dios nos ha dado oportunidades a cada uno y es nuestra decisión aceptarlas.*

El destino de un rey

David fue ungido para ser rey cuando Saúl todavía estaba en el reinado. Dios le había dado la oportunidad a David de matar a Goliat y eso le abrió unas puertas increíbles. Dios tiene maneras y formas de abrir las puertas cuando están cerradas. Aun puede utilizar a una pequeña araña para despertar en nosotros la inquietud a no detenernos. Dios ha preparado un Goliat para cada uno de nosotros y de esa manera abrirnos las puertas y así movernos al destino que él nos está llamando.

Lo único que David sabía era pastorear ovejas. Sin embargo, tiempo después se encontró en medio de un palacio. Él mismo dijo: «Yo no sé vivir en un palacio. No tengo la gracia ni el porte para vivir en un lugar así». David era un joven muy humilde y permanecía al lado del rey Saúl porque sabía tocar el arpa y cuando lo hacía, los espíritus malos que atormentaban a Saúl se calmaban. Debes saber que el Enemigo es alérgico a la alabanza del pueblo de Dios. En ese trayecto, mientras David hacía su trabajo conoció al hijo de Saúl, el joven llamado Jonatán. Desde el momento que se vieron se convirtieron en grandes amigos y sellaron un pacto de profunda amistad. El pacto era entre el hijo del rey y un siervo del rey. Dios le dio gracia a David y se hicieron grandes amigos.

Saúl, que había sido desechado por Dios, estaba peleando en la batalla de Gilboa cuando murió junto a su hijo Jonatán. Para ese entonces Jonatán tenía un hijo de cinco años. Cuando la noticia de la muerte de Saúl y su hijo llegó al palacio, la nodriza que cuidaba al hijo de Jonatán salió corriendo llena de horror y resbaló con el niño en sus brazos. El nombre de ese niño era Mefi-boset y quedó lisiado de sus piernas para el resto de su vida.

David, además de ser un siervo de Dios, era un guerrero y todos los de la casa de Saúl sabían que muerto el rey y su hijo, David sería quien ocuparía su lugar. Muchos de los que habían servido a Saúl temieron por su vida y comenzaron a escapar y esconderse. Aun los familiares del anterior rey debían abandonar el palacio. Los siervos de Jonatán escondieron al niño ya que temieron por su vida y lo llevaron a una ciudad llamada Lodebar, ubicado al este del Jordán. Esta era la mejor forma de protegerlo.

¡Qué tragedia tan grande para este niño! De ser parte de la familia del rey, de estar en la opulencia, tenerlo todo, de nacer en una cuna de oro, de pronto perderlo todo y convertirse en un don nadie y vivir escondido en otra ciudad para proteger su vida.

Lugar de miseria y pobreza

Este joven debe haber crecido entre las penumbras de la oscuridad. No saldría a ningún sitio, ya que al ser lisiado no podía movilizarse con facilidad. Mientras crecía pasarían por su mente las victorias que su padre y su abuelo habrían vivido de acuerdo los siervos que lo criaban le contaría, y los temores que sembraban en él al decirle: «Tu padre y tu abuelo murieron en una batalla. Tal vez el guerrero que peleaba contra ellos quiera vengarse y te busque».

Mefi-boset estaría lleno de temores, de preocupación, viviría acomplejado y careciendo de toda bendición. Escondido en «Lodebar», que significa «ciudad sin pan». Al buscar este nombre en el original pude descubrir que significa mucho más que eso, también es «lugar de la miseria, pobreza, insuficiencia, limitación, de lo incompleto, de lo poco, de lo apretado». Ahí vivía Mefi-boset, en el lugar de la miseria, pobreza y carencia. Después de haber sido el nieto del rey, parte de la familia real, no tenía nada. De pronto, un día alguien tocó a la puerta de su casa. Al abrir vio a un hombre que le dijo: «Vengo de parte del Rey David a ver al hijo de Jonatán». ¿Qué habrá pensado este joven? Sus pensamientos habrán sido: «Hoy es el día final para mí. Ya no podré escapar más».

Pacto de amor y fidelidad

El rey pedía que Mefi-boset, el hijo de Jonatán, se presentara en su corte. Así obedeció y se presentó ante el rey David, se humilló buscando de su misericordia, pero para su sorpresa, David lo miró y le dijo: «No te traje aquí para hacerte mal sino para decirte que por amor a tu padre te devolveré todo lo que era de tu abuelo. No es por amor a ti, porque no te conozco, pero es por amor al pacto que hice con tu papá. Te regresaré todo lo que habías perdido».

David tomó a Siba, el criado de Mefi-boset y le dijo: «Quiero que siembres la tierra, que trabajes para este joven, que le sirvas, y que todo lo que siembres y coseches lo pongan en el granero. Eso será para él, pero tengo algo más que decirte…». Al escuchar eso, Mefi-boset se echó al piso diciendo: «Yo soy un perro, no quiero, no puedo tener nada de ti». Pero David le dijo: «Una cosa más quiero decirte, quiero que te mudes al Palacio y vengas a vivir conmigo».

Mudarse al Palacio significaba salir del lugar de la escasez, de la carencia, de la pobreza, de la miseria, de la insuficiencia, de la limitación. Entonces David agregó: «No solo quiero que vengas a vivir a este palacio sino que cada vez que sirvan la mesa, tú te sientes conmigo».

Uno de los honores más grandes que podía tener cualquier persona en un reinado era que el rey lo invitara a cenar y se sentara con él a la mesa. Cuando este joven oyó a David decirle esto supo que todo lo que había perdido lo estaba recuperando. Que todo aquello que él había soñado le había sido devuelto. Que a partir de ese momento contaba con la gracia y el respeto de todo el reino, porque el rey lo había invitado.

La historia está claramente detallada en 2 Samuel 9:5-13.

Sombra de lo que está por venir

La Palabra dice que todas estas cosas que están escritas son la sombra de lo que habría de venir. Esto señalaba lo que sucedería después. Tú y yo podemos compararnos con este joven. Somos iguales. Cuando estábamos fuera de Cristo vivíamos en Lodebar. Sin él estábamos en pecado, en ruina, en escasez, llenos de temores, ansiedades y complejos. Cada uno de nosotros vino de su propio Lodebar, cada uno de nosotros tiene su propia historia.

Dice la Palabra que lo vil y menospreciado de este mundo escogió Dios. La iglesia es tipo de este Mefi-boset, porque fuimos sacados de Lodebar por un rey que podía haber hecho juicio contra nosotros, pero por amor a uno que hizo pacto con él, que se llamó Abraham, su amigo, se pagó el precio. Tomó el reinado, y ahora nos llamó a su corte.

La iglesia ha sido llamada al Palacio. Fuimos trasladados del reino de las tinieblas al Reino de la Luz Admirable.

21

Fuimos sacados de la miseria y la carencia para pertenecer al Reino de los cielos. El Señor nos sacó de la oscuridad, las penumbras y nos llevó a su Palacio. Ahora le dice a su iglesia: «Yo quiero que te quedes aquí, en el Palacio, todo lo que has perdido, todo lo que perdió el primer Adán te lo voy a devolver».

El Señor te devolverá todo lo que los años y la vida de pecado te robaron.
Él se manifestará a través de tu vida, dejándole ver a las personas dónde estás ahora y dónde estabas.

El Señor te devolverá todo lo que los años y la vida de pecado te robaron. Recuperarás la paz, el gozo y la felicidad. Pero además de devolverte todo, te ministrará con sus ángeles, pondrá siervos que te sirvan. Escuché decir que el Señor ha asignado a cada cristiano aproximadamente 500.000 ángeles para que te sirvan.

Lugar de autoridad

Dice la Palabra que «*y nos hizo sentar con él en las regiones celestiales*» (Efesios 2:6). Hay un lugar para la iglesia que es de prominencia y autoridad, un lugar de bendición. El libro a los Hebreos dice: «Entrad confiadamente al trono de la gracia». Todavía hay personas que no tienen la confianza de sentirse parte de ese reino. Se sienten inferiores porque tienen complejo de inferioridad, ya que siempre han vivido en la necesidad de Lodebar. Aunque Dios los sacó de allí todavía su corazón vive en ese lugar. Se sienten menos porque todavía no han probado la grandeza de un Dios misericordioso. Todos los días se miran y se ven tan imperfectos que dicen: «Dios no puede amarme como yo soy».

Dios está llamando a su iglesia para que salga de Lodebar

y cruce al Palacio. Debemos dar el paso de fe y cruzar. Saquemos nuestro corazón del Lodebar. Se acabó la miseria, la pobreza. Eres hijo de un rey, no hay razón para vivir en miseria, en pobreza, en necesidad. No podemos vivir en un lugar sin pan, en escasez, tenemos que sacar a Lodebar de nuestro corazón y movernos a lo que el Señor nos está llamando, a entrar a su Palacio.

No importa si tienes faltas, si piensas que no mereces lo que él quiera darte. Lo que importa es que lo que él hará es por su gracia y es suficiente para cubrir todos tus pecados. Él es quien te está llamando y te dice: «Sal de Lodebar, ven a mi Palacio. Trae tu mudanza porque quiero que se acabe la miseria, la escasez en tu vida. Quiero que seas parte de la familia real desde hoy en adelante».

Despójate de todos los temores, de todos los complejos, de todos los traumas del pasado. No puedes quedarte en Lodebar porque te lastimaron y te dejaron caer. No fue tu culpa, fue un accidente. Jesús te recibe como hijo, te sienta a la mesa donde no se verán más tus pies lisiados y allí serás parte de la familia real.

El lugar donde debemos habitar

En este tiempo, como nunca antes, el Señor está llamando su iglesia. Muchos aún no comprenden en su corazón lo que significa vivir en el Palacio. Es salir de la necesidad, la pobreza, la miseria. No estoy hablando solamente del área financiera sino también del área emocional. Esta invitación es un llamado que el Dios vivo te hace para salgas de tus temores, de tus ansiedades, de tus complejos e ingreses al Palacio donde él quiere que vivas como hijo del rey.

Somos parte de la iglesia del último tiempo, y Dios la va a usar para exhibir su poder. Él se manifestará a través de tu vida, dejándole ver a las personas dónde estás ahora y dónde estabas. ¡Si la gente supiera de dónde nos sacó este Rey!

Estábamos arrastrándonos en el fango, pero ahora somos hijos de un rey sentado a la mesa del Palacio.

Él tiene un plan estratégico en el tiempo, te está llamando para te mudes al Palacio, no para que solamente lo visites. Hay cristianos que solamente lo visitan y dicen: «Señor, ¡qué bueno es esto, pero me vuelvo a mi ciudad, a mi casa, a Lodebar, y allí viviré feliz!». ¡No! Dios te está llamando para que residas allí, en el lugar santísimo. Él tiene una casa para ti.

No empaques tus pertenencias, porque lo que llevarías no sirve para nada. Él tiene para ti ropa nueva, vestiduras nuevas, todo nuevo. No se puede poner vino nuevo en odre viejo, no se puede remendar los vestidos viejos con los nuevos.

> *Si estás cansado, enfermo y en miseria, el Rey te dará una nueva oportunidad.*

El Señor tiene vestidos nuevos en su Palacio, tiene cetro de autoridad para ti como iglesia. ¡Abandona el Lodebar, ingresa al Palacio! Él te está llamando. Allí no hay miseria ni pobreza, vivirás en la casa de un rey.

Si estás cansado, enfermo y en miseria, el Rey te dará una nueva oportunidad. El Señor te dice: «Te devolveré la salud, la prosperidad, la familia. Yo soy el Dios que tiene poder para devolverte todas las cosas». La Palabra dice que el Señor te devolverá al ciento por uno lo que el enemigo te quitó.

Sentados a su mesa

Dios quiere que nos sentemos a su mesa. Allí recibiremos el pan que necesitamos todos los días para una buena nutrición espiritual.

Una mujer sirofenicia se acercó a Jesús para pedirle un milagro y él le dijo: «No soy enviado sino a las ovejas perdidas de la casa de Israel. No está bien tomar el pan de los hijos, y echarlo a los perrillos». La mujer le respondió: «Pero aun los perrillos comen de las migajas que caen de la mesa de sus amos». Entonces Jesús le respondió: «Mujer, grande es tu fe». Entonces ella se fue y su hija fue sana desde aquella hora.

La mujer recibió una migaja del pan de los hijos, no recibió todo la pieza del pan, sin embargo, eso representó para ella un gran milagro. Dios te está diciendo: «Siéntate a mi mesa que te voy a servir la comida». Tú no comerás las migajas debajo de la mesa, sino que comerás el pan que se sirve de la fuente en la mesa. Este pan hace milagros, sana, prospera. Este es el Pan de Vida, el Maná que descendió del Cielo. Es la Palabra de Jesús de Nazareth. En este pan hay nutrición espiritual para que vivas de milagro en milagro. Aun cuando tu economía no esté bien, cuando la nación esté en escasez, el Señor te dice: «No tendrás escasez en tu vida. Tú vives en el Palacio. Ya no perteneces más a Lodebar. Ahora estás sentado a la mesa del Rey comiendo pan de milagros».

El apóstol Pedro dijo que el Señor nos ha dado preciosas y grandísimas promesas para que participemos de su naturaleza. La única manera de participar de ella es comiendo del pan de los milagros. No fuimos llamados para caminar debajo de las circunstancias sino por encima de ellas. No fuimos llamados para caminar en la cola sino al frente. Formamos parte de la mesa real y comemos de la mesa del Rey del cielo.

> *No fuimos llamados para caminar debajo de las circunstancias sino por encima de ellas.*

Perfectos por gracia

Somos incapaces e inmerecedores de lo que Dios tiene para nosotros. Incapaces de recibirlo e inmerecedores de estar ahí. Aun cuando él nos ha salvado todavía tenemos faltas, aunque algunas personas no las pueden ver porque hace algún tiempo están sentados a la mesa y los pies están escondidos debajo del mantel. Si te vas a sentar a la mesa, no mires por debajo de ella porque verás las faltas, las piernas lisiadas de cada uno de nosotros. Verás los errores y las vigas de nuestros ojos. Pero si miras por encima de la mesa, verás hombres y mujeres derechos, reservados y lavados por la sangre del Cordero: nuevas criaturas.

De la cintura para arriba lo que se observa es poder de Dios en acción. De la cintura para abajo es la gracia de Dios. El mantel que no te deja ver mis piernas se llama gracia de Dios que cubre toda falta.

Yo puedo entrar confiadamente al trono de su gracia sabiendo que él me sentará a la mesa y que mis faltas quedarán por debajo del mantel, porque Dios no está interesado en ver lo que hay debajo de la mesa, él está interesado en ver al que está sentado a la mesa, porque te ama profundamente.

Te ama como eres, y te ha invitado que vayas al Palacio y cenes con él. Tus pies están debajo de la mesa, pero si quieres salir te caerás, porque tus pies están lisiados, no puedes caminar por ti mismo. Él dijo: «Separados de mí, nada podéis hacer». Quédate sentado a la mesa porque los ángeles te servirán y te traerán lo que necesitas.

Cuando Mefi-boset se sentaba a la mesa, los pies lisiados no se veían ya que el mantel que lo cubría tapaba su defecto físico. Debajo de la mesa los pies lesionados no se ven. El Señor cubrió nuestras faltas con su gracia, nos sentó a la mesa, y allí no hay cualquier clase de comida, hay manjares de reyes, hay panes de milagros.

El Señor te dice: «Siéntate a la mesa conmigo». La iglesia está invitada a sentarse a la mesa con el Señor. Lo más terrible que puede suceder en nuestra vida es que el rey nos invite a vivir en su Palacio, en su Reino, a comer a su mesa todos los días, que nos prometa devolvernos todo lo que hemos perdido, y que nosotros no respondamos a ese llamado.

Capítulo 2

ROMPIENDO LA BARRERA DEL DESÁNIMO

«Continuamos con la reconstrucción y levantamos la muralla hasta media altura, pues el pueblo trabajó con entusiasmo. Pero cuando Sambalat y Tobías, y los árabes, los amonitas y los asdodeos se enteraron de que avanzaba la reconstrucción de la muralla y de que ya estábamos cerrando las brechas, se enojaron muchísimo y acordaron atacar a Jerusalén y provocar disturbios en ella. Oramos entonces a nuestro Dios y decidimos montar guardia día y noche para defendernos de ellos. Por su parte, la gente de Judá decía: «Los cargadores desfallecen, pues son muchos los escombros; ¡no vamos a poder reconstruir esta muralla! ... Luego de examinar la situación, me levanté y dije a los nobles y gobernantes, y al resto del pueblo: «¡No les tengan miedo! Acuérdense del Señor, que es grande y temible, y peleen por sus hermanos, por sus hijos e hijas, y por sus esposas y sus hogares» (Nehemías 4:6-10, 14).

El pueblo de Israel estaba cautivo en Babilonia y los muros de Jerusalén estaban destruidos. A Nehemías, un siervo de Dios, se le dio una misión especial: «restaurar los muros de Jerusalén». Era una tarea muy difícil pero sumamente importante ya que cambiaría el curso de la historia de toda una nación.

La Palabra de Dios dice que el pueblo cobró ánimo comandado por Nehemías. Pero tan pronto se inició la obra comenzaron los problemas. El enemigo se levantó contra Nehemías y empezó a atacarlo. Estaba muy enojado porque el pueblo de Dios trabajaba organizadamente. Cuando vio que la construcción había avanzado tanto que llegaba hasta la mitad, entró en ira. Él sabía que si Nehemías había avanzado tanto, pronto finalizaría el trabajo.

Entonces el enemigo se levantó contra él con un arma muy poderosa: el desánimo. Algunos comenzaron a hablar palabras de conspiración, intimidación y pesimismo. Esto causó un tremendo efecto en el pueblo, ya que los hombres que trabajaban se desanimaron y perdieron la fuerza para continuar.

Hay líderes y pastores como Nehemías, a quienes Dios les entregó una misión especial, una misión que afectará la historia. Dios los llamó a afectar a las naciones. Pero el enemigo se enoja porque estamos haciendo algo importante para Dios. Si sientes que te han declarado la guerra como nunca antes, tendrás que comprender que el muro está construido hasta la mitad. El enemigo sabe que te estás acercando al punto en que terminarás el muro, y cuando esto ocurra se levantará una nación, y él no tendrá poder ni autoridad contra ese pueblo.

El desánimo es una de las armas favoritas del reino de las tinieblas.

El arma favorita del diablo

El desánimo es una de las armas favoritas del reino de las tinieblas. Según las estadísticas, del cien por ciento de los pastores y líderes que han abandonado el ministerio, el noventa y cinco por ciento lo hicieron como consecuencia del desánimo.

El enemigo sabe usar esta arma certeramente para desanimarte. Él sabe que tu bendición está ligada a terminar lo que comenzaste.

> *«No nos cansemos de hacer el bien, porque a su debido tiempo cosecharemos si no nos damos por vencidos»* (Gálatas 6:9).

No nos cansemos ni desanimemos. No desmayemos, ni nos entreguemos tan rápido. Muchas veces queremos adelantar las cosas, queremos que el Señor se adelante para darnos la victoria, pero tenemos que entender que este es el tiempo de Dios.

Dios quiere poner más gloria sobre ti, pero primero te va a preparar. No puedes resistir el peso de la gloria si primero no pasas por el gimnasio de Dios. Aunque venga la lucha y la resistencia, tenemos que enfocarnos en la cosecha.

Dios quiere poner más gloria sobre ti, pero primero te va a preparar.

Cierto día el Señor me dijo: «Mi siervo, estás embarazado». Como soy hombre no sabía lo que realmente esto significaba, pero de pronto empecé a notar que había molestias y cambios en mí. Caminaba como si llevara algo bien pesado en mi cuerpo. Comenzaron a desatarse dolores que no esperaba y no lograba identificar. Entonces le pregunté a mi esposa:

«¿Cuándo una mujer va a dar a luz se desatan unos dolores que no se pueden resistir?» Ella respondió afirmativamente. Comprendí así que estaba en los últimos días de mi embarazo espiritual y empecé a sentir tanto dolor que en un determinado momento pensé que no podía más. Esto produjo en mí una confrontación ya que había decidido renunciar, pero ese día recibí la llamada de un pastor me dijo: «Queremos orar por ti, ven a reunirte con nosotros».

Acepté la invitación y fui al grupo de oración. Trajeron a un niño de ocho años y le preguntaron: «¿Qué le dice el Señor a este pastor?». El niño levantó la cabeza, me miró a los ojos, y extendió el dedo. Tan pronto extendió su brazo sentí la unción de Dios. Sabía que Dios me hablaría. Entonces dijo: «Concéntrate en la iglesia que tienes por dentro y no en la de afuera. Tu bendición está ligada a que puedas permanecer».

> *Cuando estás más cerca de la bendición, más fuerte será el ataque.*

Cuando estás más cerca de la bendición, más fuerte será el ataque. En el momento del desánimo hay que resistir, tenemos que concentrarnos en la cosecha, tenemos que poner la mirada en lo que Dios hará porque a su tiempo segaremos.

Mensajes del diablo

> «*Por tanto, no nos desanimamos. Al contrario, aunque por fuera nos vamos desgastando, por dentro nos vamos renovando día tras día. Pues los sufrimientos ligeros y efímeros que ahora padecemos producen una gloria eterna que vale muchísimo más que todo sufrimiento*» (2 Corintios 4:16-17).

Pues los sufrimientos ligeros y efímeros que ahora padecemos producen una gloria eterna que vale muchísimo más que todo sufrimiento. La guerra que estás pasando es leve comparada con la que pasó Jesús. El enemigo se ha levantado contra ti porque él sabe que el Señor ha hecho promesas para tu vida. Él sabe que Dios te sacó y te escogió para hacer algo grande para él.

Cuando el enemigo te ataca, te está enviando dos mensajes. El primero es demostrarte que te odia, y el segundo es que te tiene miedo. El ataque del enemigo tenemos que conside-

Dios ha planificado poner su gloria en tu vida, esa gloria que alumbra a las naciones.

rarlo como algo que produce gozo, ya que lo que tú harás a través del poder de Dios afectará las naciones, la historia.

El desánimo te neutraliza. Cuando él te ataca lo hace para destruirte y para apagar tu luz. Él está buscando que no alumbres y no afectes a otros con la luz del Evangelio. Hay personas que están sentados en la iglesia que se desanimaron y dejaron todo lo que estaban haciendo por el Señor.

Dios ha planificado poner su gloria en tu vida, esa gloria que alumbra a las naciones. Pero no quiere ponerte dentro de una caja, no te llamó para que te quedaras dentro de cuatro paredes. El enemigo quiere neutralizarte y esconderte para que la luz de Cristo que resplandece en tu vida no sea visualizada por los demás.

En el nombre de Jesús podemos romper los límites del desánimo para acceder a lugares donde el enemigo no quiere que lleguemos para arrebatar lo que él nos ha robado.

¿Defensiva u ofensiva?

Nehemías tuvo que ministrar al pueblo para levantarle el ánimo. Él tuvo que recibir sabiduría de Dios para hacerlo, porque es muy difícil animar a personas desanimadas.

El paso siguiente al desánimo es el desmayo. Es cuando

te sientes caer sin fuerzas, cuando tus manos ya no tienen resistencia y tus piernas ya no tienen firmeza. Muchas veces nos sentimos con la última reserva de fuerzas en nuestra vida, pero ese es el momento exacto en que el Señor comienza a desatar algo espiritual en nuestra vida para que ingresemos a un nuevo nivel donde podremos recobrar nuestros sueños perdidos. Podremos desempolvar nuestros sueños puesto que se van a cumplir. Este es el tiempo que segaremos si no desmayamos.

Podemos romper los límites del desánimo para acceder a lugares donde el enemigo no quiere que lleguemos para arrebatar lo que él nos ha robado.

Nehemías dijo: «*Después miré, y me levanté y dije a los nobles y a los oficiales, y al resto del pueblo: No temáis delante de ellos; acordaos del SEÑOR, grande y temible, y pelead por vuestros hermanos, por vuestros hijos y por vuestras hijas, por vuestras mujeres y por vuestras casas*» (Nehemías 4:14).

«Me levanté»

Luego de examinar la situación Nehemías se levantó y habló con los nobles y oficiales. Lo primero que tienes que hacer es «levantarte», esa es la reacción correcta. Hay personas que por la presión del enemigo están sentadas en su espíritu y tienen las manos caídas. Tienes que levantarte y entrar en acción. Ponte en pie, no podemos llevar solamente la defensiva en esta batalla. Algunos boxeadores dicen que su defensiva es su ofensiva. No podemos llegar al propósito y al plan de Dios solamente defendiéndonos.

No podemos alumbrar si estamos sentados, tenemos que ponernos de pie aunque el enemigo ataque. Ponte de pie en tu espíritu y dile a Satanás: «Tú has tratado de tumbarme para desanimarme, pero no me quedaré sentado, me pongo de pie». Pablo dijo: «... *perseguidos, pero no abandonados; derribados, pero no destruidos*» (2 Corintios 4:9).

Aunque te encuentres tirado en el piso por el golpe que te ha dado, te levantarás, y si te tumban, te levantas otra vez en el nombre del Señor. Levántate por encima de las críticas, de los problemas. No puedes seguir a la defensiva sin llevar ofensiva.

> *No podemos alumbrar si estamos sentados, tenemos que ponernos de pie aunque el enemigo ataque.*

Había un pastor que estaba muy desanimado. El enemigo lo había atacado grandemente y lo que él había hecho era defenderse. Pero llegó el momento que defendiéndose se quedó sentado, postrado espiritualmente, sin deseos de hacer nada, incluso perdió la visión por su iglesia, perdió el ánimo para preparase y predicar. Un domingo, el Señor lo levantó de madrugada y le dijo: «Quiero llevarte a un sitio». Estaba amaneciendo, tomó su auto y siguió la voz del espíritu. Fue al pie de un monte y el Señor le dijo que quería que subiera. Él empezó a subir el monte, cuando al llegar a la mitad se encontró que había una avispa en el camino. Se quedó quieto y trató de irse por la izquierda. La avispa continuó moviéndose. Cuando giraba a la derecha, la avispa se movía a la derecha. La avispa lo amenazaba constantemente, cuando lo hizo la primera vez él dio un paso hacia atrás, y le amenazó otra vez; cuando dio el tercer paso, el Espíritu Santo le dijo: «Siervo, avanza, no te detengas, no tengas miedo». Él respondió: «Señor, me va a picar, y eso duele». Y el Señor le dijo: «Avanza». Cuando dio el primer paso estaba temblando, pero notó que la avispa se echó para atrás. Dio un paso más para probar y eso le dio confianza. Llegó un punto en que la avispa no resistió más y se fue. Él subió hasta el tope y el Espíritu Santo le dijo: «El enemigo te ha tenido a la defensiva solamente y has retrocedido, pero yo quiero que te levantes y tomes la ofensiva. Camina hacia donde yo te he llamado y toma una posición. Camina hacia el enemigo, porque las puertas se van abrir. No se abrirán porque eres tú, sino porque yo estoy contigo y todas las cosas son posibles».

«No les tengan miedo»

Nehemías dijo: «*¡No les tengan miedo!*». El temor produce desmayo. Tu enemigo usará el temor para aterrorizarte. En el pueblo usó la conspiración, el complot. El enemigo usará a personas para que conspiren contra ti y produzcan temor en tu corazón. También utilizó la intimidación. Ellos empezaron a decirle a Nehemías: Donde quiera que ustedes estén, nosotros los vamos a sorprender, los vamos a atacar por donde ustedes no esperan. Ese temor produce desánimo.

> *Otra arma que el enemigo usa para desanimarte es el pesimismo.*

Otra arma que el enemigo usa para desanimarte es el pesimismo. En el versículo doce dice que los hermanos israelitas, los del mismo pueblo, venían a decirle que el enemigo los atacaría y los mataría. Quizás te has dado cuenta que dentro de tu congregación el enemigo ha usado las mismas armas pesadas que en ese tiempo: la conspiración, la intimidación y el pesimismo. El pesimista trae malas noticias a tu corazón.

Si queremos vencer el desaliento y el desánimo, primero tenemos que vencer el temor. Debemos quitar del corazón todo miedo al qué dirán, a la opinión de otras personas y al futuro. Mejor caminar solo que mal acompañado. Yo no quiero caminar con pesimistas, porque sé que pueden hacerme desmayar. Pero les digo bienvenidos a todos los que quieran hablarme la Palabra de Dios.

Hace un tiempo el Señor me llamó a predicar por unos días en un país con conflicto de guerra. Durante la preparación de ese viaje algunas personas comenzaron a comunicarse a mi casa para decirme: «Pastor, lo estoy llamando para oírlo por última vez antes de viajar, ya que va a un país de mucho riesgo». Debido a estas declaraciones, tuve que pararme en el púlpito de mi iglesia antes de viajar

Si queremos vencer el desaliento y el desánimo, primero tenemos que vencer el temor.

y decir: «Ya no quiero oír más negatividad. Si usted no tiene nada bueno que decirme acerca del viaje, no lo diga».

Los pastores tenemos que escuchar a muchas cosas que no queremos escuchar. Recuerdo la historia de una mujer que se había casado tres veces, y en ambos casos los esposos se alcoholizaban. Al tiempo ella consiguió un novio nuevo. Todo se veía bien durante un tiempo. Dos años mas tarde vino a la oficina a contarme una noticia: «Pastor, mi esposo que era alcohólico, se fue de casa». Me sorprendí al recordar que este era el tercer esposo y que los dos anteriores también eran alcohólicos, entonces le pregunté: «¿Cuéntame qué pasó?». Ella comenzó a hablar y durante dos horas no dejó de quejarse. Se expresó con pesimismo y negatividad durante todo ese tiempo. Como no podía detenerla de hablar tuve que dar un golpe fuerte sobre el escritorio y dije: «Yo no puedo más, necesito beber algo».

Hay personas negativas que te llevan a la derrota. Había una cabra, un perro y un gato, y estaban discutiendo en la orilla del río si cruzaban en un bote. Finalmente la cabra los convenció, después se arrepintió y regresaron. Entonces el perro convenció a la cabra, cruzaron hasta la mitad del río y el gato empezó a gritar: «Miau, me ahogo». El perro gritó también: «Guau, auxilio», y la cabra dijo: «Veee, veee, te lo dije».

35

Si quieres levantarte del desánimo tienes que vencer el temor, no importa lo que las voces del pesimismo y la intimidación han hablado, lo que el enemigo te ha presionado, tú tienes que levantarte por encima del temor. Tienes que tener la valentía suficiente de pasar por al lado de una persona que sabes que no te ama, que está hablando mal de ti, y hacerlo con la cabeza en alto. Tienes que saber que el reino de los cielos solamente los valientes lo arrebatan. Estoy convencido de que Dios me llamó para agradarlo a él, no para agradar a los hombres. Dios me llamó, y si retrocedo no le agrado.

«Acuérdense del Señor»

Nehemías le dijo al pueblo: «*Acuérdense del SEÑOR, que es grande y temible*». Si quieres vencer el desánimo acuérdate del Señor. Uno de los problemas que el pueblo de Israel vivió cuando salió de Egipto fue que se olvidaba fácilmente de lo que Dios había hecho. La generación que había salido de Egipto no pudo entrar a la tierra prometida porque se desanimó. Miraron la tierra que Dios le había prometido y se enfocaron en los obstáculos. No recordaron las cosas que Dios había hecho con ellos, de lo contrario hubieran podido conquistar las tierras.

> *Estoy convencido de que Dios me llamó para agradarlo a él, no para agradar a los hombres.*

El Dios de Israel fue quien abrió el Mar Rojo, sin embargo, cuando los doce espías entraron a la tierra prometida, Raab, una mujer de la vida que vivía en Jericó, que no estuvo allí, creyó en su Dios, y los que habían estado presentes, los que habían experimentado la Gloria de Dios y el Mar abierto no pudieron creer en él. Olvidamos fácilmente las cosas grandes que Dios ha hecho en nuestra vida.

Hay personas que tienen testimonios poderosos de la grandeza de Dios y lo único que pueden hacer cuando son atacadas y están bajo mucha presión es desanimarse. No es simplemente detenerse e ir para atrás, sino recordar todo el camino que has pasado. Cuando has estado en problemas él te ha mostrado su gloria y te ha dado la victoria, de otra manera no estarías leyendo estas páginas.

Cuando David enfrentó a Goliat le dijo: «Yo tengo la experiencia por el poder de Dios de haber matado osos y leones». Él sacó la fuerza para enfrentar a ese gigante simplemente de sus recuerdos. Dios le había dado victoria en el pasado y se la daría en el presente. Tienes que recordar lo que Dios ha hecho por ti. El mismo Dios que te ha dado victoria en el pasado te la dará hoy.

> *El mismo Dios que te ha dado victoria en el pasado te la dará hoy.*

Los poderosos testimonios que has experimentado son tus piedras de apoyo para seguir subiendo. No te concentres en el problema sino en lo que él ha hecho por ti y en cómo ha manifestado su gloria en tu vida.

«Peleen»

Nehemías dijo: «... *peleen por sus hermanos, por sus hijos e hijas, y por sus esposas y sus hogares*». El pensamiento de Nehemías era: «Nosotros somos constructores, somos guerreros, vamos a pelear, y si no hay guerrero entre ustedes tiene que salir uno de medio de ellos». Cuando te concentres en eso, el desánimo se va aquietar y la adrenalina empezará a correr.

Si estuvieras en tu casa y alguien tocara a la puerta diciendo: «Abre, porque vengo a matar a tu esposo o esposa». Tú no le dirías: «Bienvenido, entra». El Señor te puso para defender a tu familia, y cuando peleas por alguien que amas, luchas con coraje. Nehemías le dijo a estos hombres: «Ustedes no tienen ganas de pelar por ustedes mismos, pero peleen por sus hijos, por sus hogares, no permitan que el enemigo se lo robe».

Rompe las barreras del desánimo y sal fuera de las paredes de la desesperación, hay un mundo para conquistar.

Nuestros familiares deben ser quienes nos motiven a pelear y enfrentarnos al enemigo que quiere destruirnos y neutralizarnos. Por ellos no debemos rendirnos. Es necesario tener el pensamiento claro al saber por qué razón estamos peleando, ya que lo que ganemos hoy lo disfrutarán nuestros hijos y las generaciones venideras.

El enemigo ha tratado de desanimarte de muchas maneras y muchas formas, a través de problemas, pero el Señor te dice: «Yo te he dado la llave, no temas, no oigas las voces del enemigo, soy Yo el que te dio largura de días, el que te salvó, el que te levantó. Recuerda la promesa que te hice. No permitas que tu corazón se desanime. Rompe las barreras del desánimo y sal fuera de las paredes de la desesperación, hay un mundo para conquistar».

Capítulo 3

El Dios que quebranta toda limitación

Deseando animar a su nieto para que progresara en sus lecciones de piano la abuela lo llevó al concierto de un reconocido pianista. Después de que ocuparon sus respectivos lugares, la abuela reconoció a una amiga en la audiencia, dejó a su nieto y se dirigió hacia ella. Al tener la oportunidad de explorar las maravillas de ese viejo teatro, el pequeño niño recorrió algunos de los lugares y posteriormente logró llegar a una puerta donde había un anuncio escrito que decía: «Prohibida la entrada». El pequeño no le prestó atención e ingresó.

Cuando se anuncio el comienzo de la obra, las luces empezaron a apagarse y la función estaba apunto de empezar, la abuela regresó a su lugar y descubrió horrorizada que su nieto no estaba allí. Inmediatamente, las grandes cortinas se abrieron y los reflectores apuntaron hacia el centro del escenario.

Sorprendida, la abuela vio a su pequeño nieto sentado en el piano, inocentemente tocando una de las canciones infantiles que conocía. En ese momento, el gran maestro de piano hizo su entrada, rápidamente se dirigió hacia el piano y susurró al oído del pequeño: «No te detengas hijo, sigue tocando, lo estás haciendo muy bien». Entonces, inclinándose hacia el piano, el famoso pianista empezó a hacer un acompañamiento junto al niño con su brazo izquierdo.

Juntos, el viejo maestro y el pequeño novicio, trasformaron la embarazosa escena en una maravillosa y creativa experiencia. La audiencia muy entusiasmada disfrutó de ese momento. Esa es la forma en que Dios trabaja junto a nosotros. Él está siempre a nuestro lado cambiando nuestros pequeños esfuerzos hacia convertirlos en grandes cosas, susurrándonos al oído: «No te detengas hijo, sigue intentando, lo estás haciendo muy bien». Él es el Dios que rompe toda barrera y quebranta toda limitación. Él desea que alcances la perspectiva correcta desde la dimensión correcta.

Él es el Dios que rompe toda barrera y quebranta toda limitación.

Toda limitación es una barrera

En momentos de nuestra vida hemos sentido limitaciones económicas, físicas, sociales, espirituales, mentales y políticas. Probablemente, muchas de ellas fueron impuestas desde nuestra infancia. Estas tienden a dejarnos encerrados dentro de una caja sin poder lograr los sueños que tenemos. A través de los años muchas personas con limitaciones han aprendido a adaptarse y a ser aceptadas por los demás. Muchas de ellas han podido desarrollar otras habilidades alrededor de sus limitaciones.

Cuando el pueblo de Israel estaba comandado por Josué, el Señor le ordenó: «Dile al pueblo que se prepare, porque mañana van a cruzar el Jordán y pisarán tierra que nunca conocieron. Entrarán en tierra donde nunca antes han estado». Pero seguramente las voces negativas se habrán levantado y dicho: «No lo lograremos». Tal vez, eso mismo es lo que está sucediendo en tu vida.

Dios desea que alcances la perspectiva correcta desde la dimensión correcta.

Muchas personas han hablado negativamente y han dicho que no sirves, que nunca podrías levantarte. Pero Dios será quien te levantará con una victoria tremenda, como nunca te hubieras imaginado. Para que eso ocurra Dios se apresta a romper esas limitaciones, no importan cuáles sean, él lo hará. Probablemente, llevas mucho tiempo adaptándote y conformándote a ellas, pero es hora de levantar la cabeza y comprender que Dios tiene un plan maravilloso con tu vida.

Cuando Dios sacó al pueblo de Israel de Egipto, comieron la Pascua. Él quebrantó las limitaciones físicas sanando los cuerpos que estaban enfermos. No había personas enfermas en el pueblo de Israel porque el Señor había quitado toda limitación para poder ingresar a otro nivel. Quebrantó las limitaciones de lo material, y los pobres recibieron las riquezas de los egipcios.

«Cuando llegaron a Betsaida, algunas personas le llevaron un ciego a Jesús y le rogaron que lo tocara. Él tomó de la mano al ciego y lo sacó fuera del pueblo. Después de escupirle en los ojos y de poner las manos sobre él, le preguntó:
—¿Puedes ver ahora?
El hombre alzó los ojos y dijo:
—Veo gente; parecen árboles que caminan.

Entonces le puso de nuevo las manos sobre los ojos, y el ciego fue curado: recobró la vista y comenzó a ver todo con claridad. Jesús lo mandó a su casa con esta advertencia:

—No vayas a entrar en el pueblo»

(Marcos 8:22-26).

La limitación de ese ciego era física. Nunca hubiera podido alcanzar su destino sin la intervención del Señor. Quizá tu limitación sea algo físico pero hay situaciones aun más profundas, limitaciones emocionales,

---

Muchos toman las limitaciones como excusa, pero Dios no ve límites.

---

mentales y espirituales que tal vez te tienen detenido. Muchos toman las limitaciones como excusa, pero Dios no ve límites. Cuando él quiere llevarte a otro nivel, no espera que tu digas: «Yo no puedo», él desea que declares: «Yo puedo». La Palabra dice que lo menospreciado, lo vil, escogió Dios para avergonzar a los sabios, y Dios escogió a lo que no es para avergonzar lo que es.

Él quiere llevarte a otro nivel pero antes debe librarte de toda limitación que ata tu vida. Él puede hacerte totalmente sano y romper las limitaciones de tu mente, las emocionales, sanar las heridas antes de pasarte a otro nivel.

Jesús sanó al ciego y lo hizo libre. El Señor está dispuesto a hacer lo mismo con tu vida, pero para ello debes estar dispuesto a someterte al Espíritu Santo. Si le permites que te lleve a otro nivel y te deje libre de tus limitaciones, él hará la obra de acuerdo a su Palabra.

Él te dice: «Se acabaron las limitaciones físicas. Se acabaron las limitaciones materiales, lo que viene es una bendición grande, se abrirán las ventanas de los cielos. Prepárate».

Lo tomó de la mano

Lo primero que Jesús hizo con el ciego, de acuerdo al versículo 23, fue: «tomarlo de la mano». Hasta ese momento este ciego había dependido de la mano de otro para que lo guiase. Un ciego siempre depende de otras personas para poder trasladarse. La mano de otra persona se transforma en una guía para ayudarlo y trasladarlo a los lugares que necesita ir. Pero Jesús le está diciendo: «Ya no vas a depender de la mano de otras personas. Levanta la cabeza, porque desde ahora soy yo el que te va a guiar, y te llevará a los lugares que querías ir».

Él quiere llevarte a otro nivel pero antes debe librarte de toda limitación que ata tu vida.

El Señor quiere que se rompa el cordón umbilical de tu dependencia. Te enseñará a caminar con él y no necesitarás una segunda o tercera persona.

Hay muchos que se preocupan diciendo: «Quiero oír la voz de Dios, la voz de un profeta», pero el Señor te está diciendo: «Yo te voy a guiar, seré tu Señor y te llevaré a donde debas ir. Yo conduciré».

Al extenderle la mano, Jesús estaba diciéndole al ciego que se sometiera al gobierno, a su guía, a su dirección. Tal vez siempre has permitido que tu intelecto o tu razonamiento te guíe en tus ideas y objetivos personales, pero el Señor te extiende la mano para romper tus limitaciones y recibas la guía del Espíritu Santo.

Hay muchas limitaciones que estás sufriendo a causa de la desobediencia de haber querido caminar solo y no ser guiado por el Espíritu Santo. Si hubieras tomado la mano de Jesús desde el principio no tendrías limitaciones, pero el Espíritu Santo te dice: «Tomá mi mano que te guiaré.

De aquí en adelante, borrón y cuenta nueva. A partir de ahora gobernaré tu vida, seré tu guía».

Lo sacó afuera de la aldea

Lo segundo que Jesús hizo fue sacar al ciego de la aldea. De esa manera lo alejó de los incrédulos, lo apartó del medio ambiente negativo, de personas religiosas que lo rodeaban y lo llevó afuera. Él quería demostrarle que no debía depender de los que estaban adentro.

Hay momentos en que el Señor te llamará para que salgas de tu tierra y de tu parentela, como lo hizo con Abraham, y te mandará afuera, porque allí está la bendición. No quiere decir que para recibir la bendición debes dejar tu casa e irte de la ciudad, sino que espiritualmente tienes que moverte en dirección del Espíritu Santo. Él quiere llevarte afuera, donde no hay voces negativas ni influencia de personas que constantemente están tratando de bajarte la autoestima. Él quiere llevarte a un lugar donde no existen las limitaciones de personas que están señalándote.

Es necesario salir de la aldea de los recuerdos negativos, de los fracasos del pasado y moverte hacia afuera con el Señor Jesucristo.

Cuando Dios sacó a Abraham de su tierra y de su parentela, tenía una estrategia preparada. Pablo dijo: «Olvidando ciertamente lo que queda atrás, me extiendo hacia delante». El Señor dice: «No traigáis a memoria las cosas pasadas, he aquí yo hago cosas nuevas». Es necesario salir de la aldea de los recuerdos negativos, de los fracasos del pasado y moverte hacia afuera con el Señor Jesucristo.

Tal vez los que están en la aldea crean que eres un ave

herida en sus alas y que nunca podrás volar igual, pero el Señor te dice que pronto podrás despegar. Toma distancia de lo negativo, de los incrédulos. Tu pensamiento debe ser el de Dios. Debes creer esto: «Saldré adelante, nadie podrá limitarme».

Le escupió en los ojos

«Después de escupirle en los ojos y de poner las manos sobre él, le preguntó: ¿Puedes ver ahora?».

El Señor escupió en los ojos de este ciego, lo tocó y le devolvió la vista. Dios quiere devolverte la vista, ya que no puedes salir de tus límites si primero no tienes una visión espiritual abierta. Hay personas que no pueden ver el mundo espiritual, no pueden percibir el Reino de Dios y por lo tanto están limitados.

> *Cuando pones tu mirada en las cosas eternas la visión se abre y los límites se rompen.*

La Nueva Versión Internacional dice: «*Donde no hay visión, el pueblo se extravía*» (Proverbios 29:18). Tienes que saber que la verdadera visión no es producto de tus ojos naturales sino de tus ojos espirituales. La fe es la que nos dará la convicción de lo que no se ve, entonces, cuando empiezas a ver lo que no se ve, estarás observando algo que otros no llegan a ver. Nosotros, los cristianos, no caminamos por vista sino por fe. No caminamos por lo que sentimos o palpamos sino por lo que creemos. No miramos las cosas que se ven sino las que no se ven, porque las cosas que se ven son temporales pero las cosas que no se ven son las eternas. Cuando pones tu mirada en las cosas eternas la visión se abre y los límites se rompen porque para Dios no hay limitaciones.

Cuando comprendes la dimensión espiritual descubres que no hay límites para tu vida porque Dios no está limitado.

En la actualidad, los científicos pueden determinar tu ADN a través de la saliva porque allí hay vida. De esa manera pueden conocer tu metabolismo. Para poder recibir una visión espiritual debes tener una experiencia con la vida y el poder de la Palabra de Dios. Esa es la razón del porqué Jesús le devolvió la visión al ciego con saliva. No hay manera de recibir visión espiritual sin tener una experiencia personal con Dios, con el poder y la vida de Dios.

Hay cosas que te estás perdiendo, como un ciego que no puede ver. Recuerdo a un joven ciego que me decía: «Yo quisiera ver aunque sea una sola vez, y luego volver a ser ciego, porque entonces podría imaginar todas las cosas. Cuando alguien me habla de los colores, no puedo saber lo que eso representa. No puedo saber las formas de los objetos, solo tocándolos puedo tener una pequeña percepción para luego poder imaginarlo».

Muchos caminan así espiritualmente. No tienen visión. No saben de dónde vienen ni hacia dónde van. No saben quiénes son, pero el Señor quiere darnos visión espiritual, abrir nuestros ojos y romper los límites que nos detienen para llevarnos a un nivel superior. Él necesita quebrar la ceguera espiritual y abrir tus ojos para que puedas conocer la dimensión el Reino del Señor.

¿Puedes ver algo?

Luego que el Señor escupió sobre sus ojos le dijo: «¿Puedes ver algo?», y el ciego le contestó: *«Veo gente; parecen árboles que caminan».* Entonces Jesús lo tocó nuevamente.

Para que el ciego recobrara totalmente la vista necesitaba aprender a ver. Era necesario un «proceso de aprendizaje». Muchos creen que cuando llegas a Cristo automáticamente recibes todo lo que tenías que recibir instantáneamente. Pero muchos de los que vinieron a Cristo fueron rescatados y trasladados del reino de las tinieblas al Reino de la Luz

Admirable, sin embargo, debían iniciar un proceso del Espíritu.

No es lo mismo «percepción» que «visión». No es lo mismo percibir que ver. Puedes ver con tus ojos físicos pero puedes percibir con tu corazón. Este hombre veía a personas como árboles que se movían, estaba viendo pero no miraba correctamente.

Hay personas que al llegar a Cristo tuvieron que entrar en el proceso para ser sanados y restaurados, y en ese proceso el Señor tuvo que poner sus manos una y otra vez para ajustar su visión.

Lo que tú percibes es lo que te ha limitado. Lo que crees en tu corazón, eso eres. Si crees en tu corazón algo que está distorsionado, eso

Lo que crees en tu corazón, eso eres.

verás. Dios no solamente quiere darte visión sino que también quiere sanar tu percepción.

¿Alguna vez este hombre había visto un árbol? No, entonces, ¿cómo pudo decir que veía personas como árboles que caminaban? Esa era su percepción. Pero Jesucristo vuelve a tocarlo y el hombre ve correctamente. El Señor quiere levantarte y romper tus limitaciones. No hay peor limitación que la de tu propia mente. Lo que percibes es muy distinto a lo que Dios está viendo. Luego de hablar durante unos minutos con una joven me dijo:

—Yo soy horrible, soy fea —declaró entre sollozos.

—Yo te veo normal. Podría mentirte pero no lo haré. Si realmente fueras fea te lo diría, pero eres una persona normal — fue mi respuesta.

—No, no es verdad, yo soy fea —respondió triste.

—Haz algo —le dije—, cree lo que Dios te está diciendo, no creas tu propia percepción, porque cuando creas lo que Dios piensa de ti, tu percepción cambiará. El Señor pondrá su mano sobre tus ojos y te dará una visión distinta de ti —respondí.

Hay mujeres y hombres que buscan compañeros según ellos se perciben y no según Dios los percibe a ellos. Si buscas a alguien de acuerdo a como te percibes a ti mismo, tal vez en tu baja estima encontrarás una persona que quizás no es la indicada. Lo que tienes es el resultado de lo que trajo tu percepción. Tal vez ahora te encuentras limitado porque al ver lo que tienes descubres cuál era tu percepción.

Dios quiere cambiar la percepción de tu corazón y de tu mente para llevarte al próximo nivel. Debes saber que eres creación de Dios y que él te ama.

Concepto exacto

La Palabra dice que no debes tener un mayor concepto que el que corresponda, ni tampoco un bajo concepto de ti mismo. Debes tener un concepto balanceado de acuerdo a lo que Dios está diciendo de ti, no de lo que diga tu familia, tus amigos, tus compañeros de trabajo. Si él dice algo de ti, tiene poder para hacer las cosas reales.

Hay personas que piensan que morirán pobres, pero el Señor quiere quitar esa percepción y llevarnos a otro nivel. Él es quien te enriquecerá y te llevará a un grado mayor de prosperidad. Muchos tienen dinero pero se ven pobres.

El diablo es un mentiroso y no quiere que obtengas la percepción correcta de tu vida. Te ha engañado y suele decirte: «Tú no puedes hacer nada, eres un pobre hispano». Pero levanta tu rostro y dile: «Yo creo lo que Dios dice de mí, no lo que tú dices de mí».

Tu percepción debe cambiar. Lo que estás viendo no es lo que Dios quiere que veas. Estás viendo los obstáculos más grandes de lo que deben ser. Pero el Señor te dice: «Tocaré tus ojos para que puedas ver por encima de las circunstancias porque tienes mi gracia y mi poder».

El poder de Dios se desatará de manera sobrenatural y quitará toda limitación.

La unción rompe el yugo y romperá las limitaciones que puedas tener: sociales, económicas, políticas, religiosas. El Señor te llevará a otro nivel y te guiará. Él te sacará de tu zona de comodidad y te llevará a otro nivel, afuera de la zona de los incrédulos, de los negativos. Te sacará fuera de las voces que te han limitado hasta hoy. El Señor escupirá en tus ojos y los tocará para darte la vista.

> *La unción rompe el yugo y romperá las limitaciones que puedas tener: sociales, económicas, políticas, religiosas.*

Un diferente nivel de percepción

Muchas personas fueron marcadas en su pasado y por esa causa su percepción de la vida es muy pobre. Hay quienes viven una constante depresión. Otros que son temperamentales y dejan que su emociones los controlen y dominen su vida. Pero el Señor dice: «No importa lo que has sufrido en la vida, esta es tu oportunidad, este es el momento en que haré una obra contigo. No postergues más el proceso, corre hacia él y permite que trabaje con tu mente, con tu corazón. Permite que sane las heridas».

El Señor hará algo nuevo en tu vida y te llevará a otro nivel. Te levantará por encima de las opiniones, de las voces de los hombres y te pondrá en niveles de bendición, donde nunca imaginabas que podías estar.

El tiempo en que vivimos se apresta a llevarnos a lugares que nunca habíamos entrado. Dios quiere prepararnos para romper esos límites y destruir toda limitación en nuestra vida para luego llevarnos a una dimensión nueva y fresca que tiene preparada para nosotros. Él nos hará gustar de lo mejor del vino y de lo mejor del trigo. El Señor tiene para nosotros tierra que nunca habíamos pisado. Si te has sentido estancado por las limitaciones, Dios te hablará a través de esta palabra para que ingreses a nuevos sueños y posibilidades.

La unción que quebranta todo límite

«En aquel día esa carga se te quitará de los hombros, y a causa de la gordura se romperá el yugo que llevas en el cuello» (Isaías 10: 27).

Cuando la Biblia dice en Isaías «en aquel día» se refiere proféticamente a este tiempo. Hay profecías de varios cumplimientos, y esta es una de ellas. Esta profecía es una ventana que Dios está abriendo para sus siervos y para su iglesia. Continúa diciendo que «en ese día la carga será quitada y todo yugo será roto».

Cuando se refiere a que la carga y el peso del yugo *se te quitará* está hablando de liberación. Tú no puedes ir al próximo nivel si primero no eres libertado. El Señor quiere quitar las cargas y los yugos para llevarte al próximo nivel.

Cuando Isaías habla de carga y de yugo, se refiere a las limitaciones que son una barrera, una carga que impide alcanzar el verdadero potencial. Pero el Señor lo va a quitar. El yugo era aquel elemento que le ponían a los bueyes para canalizar sus fuerzas y limitar su libertad. Pero el Señor te dice que él romperá el yugo que te está limitando, y que te roba la libertad, porque él tiene un gran plan con tu vida.

Antes de la fundación de todas las cosas él ya te había escogido, te tenía en la mente y te separó para regalarte las naciones. Tú eres un regalo de Dios para las naciones. Existen muchas limitaciones materiales, físicas, sociales, emocionales, pero también espirituales. El Señor removerá toda limitación, pero su mayor interés es quitar la barrera espiritual, porque es la que detiene la mano de Dios e impide hacer su voluntad en tu vida.

Hace un tiempo atrás, cuando mi padre estaba vivo, visitó otro país. Allí conoció a una señora que le dijo:

—Le enseñaré a mi Dios.

—Muy bien, enséñemelo — le respondió mi padre.

Ella sacó una caja de fósforos, la abrió, sacó una pequeña imagen y le dijo:

—Este es mi Dios.

Mi padre, sorprendido, le contestó:

—Su Dios es más pequeño que usted; pero mi Dios es más grande que yo y que toda circunstancia, y se lo voy a demostrar.

La mujer estaba enferma, entonces mi padre le impuso las manos, oró por ella y al instante recibió sanidad de Dios.

Servimos a un Dios grande que no tiene límites, que una caja no puede contener. Hay que romper las limitaciones espirituales para poder llegar al próximo nivel.

Los pensamientos de Dios

El Señor dijo: «*Porque mis pensamientos no son los de ustedes, ni sus caminos son los míos —afirma el SEÑOR—. Mis caminos y mis pensamientos son más altos que los de ustedes; ¡más altos que los cielos sobre la tierra!*» (Isaías 55:8-9). Para poder lograr obtener lo que Dios me quiere dar tengo

> *Hasta que no quitemos esas limitaciones no podremos recibir lo nuevo de Dios.*

que alcanzar su pensamiento. No puedo pensar con la mente humana, con mi razón, tengo que pensar con los pensamientos de Dios.

Hasta que no quitemos esas limitaciones no podremos recibir lo nuevo de Dios. Pero el Señor dijo que no puede echarse vino nuevo en odre viejo. Si quieres lo nuevo de

Dios, tienes que cambiar los odres. Esto es figurativo a tu mente. Tienes que cambiar la vieja manera de pensar para recibir lo nuevo de Dios, lo diferente que él quiere hacer contigo. Jesús dijo que no se puede tomar un vestido viejo y remendarlo con nuevo. Hay personas que no han entendido esta verdad, porque el parche que le pongas no armonizará con el viejo. ¿En qué mente cabe tomar algo nuevo y romperlo para remendar algo viejo?

Si no meditamos en esta palabra podemos quedarnos en un nivel inferior. Esto requiere que te desvistas de lo viejo para que te vistas de lo nuevo. Dios nunca te dará un parche para reparar lo viejo. Este es el Dios cuyo nombre es el Shadai, el Dios Todopoderoso. Él no tiene que reparar lo viejo, él te da algo nuevo porque tiene poder para cambiar las cosas.

La unción que dinamita

Dios le prometió al pueblo de Israel tierras nuevas. Pero no pudieron entrar porque estaban limitados en su mente. Los sacó de Egipto físicamente, pero Egipto jamás salió de su corazón. Así que Dios tuvo que dejar a Israel en el desierto, y en ese momento no recibió la promesa porque no le creyó a Dios. El pueblo detuvo la mano de Dios.

Dios tenía un plan con esa generación, pero cada uno puede abortar el plan de Dios para su vida por no creer a causa de las limitaciones espirituales de la mente. Tú no tienes por qué entender cómo Dios lo hará, sino solamente creer que él lo va a hacer. Tú no tienes que saber todos los detalles de cómo lo hará, sino solamente creerle que él lo va a hacer. No trates de explicar ni de entender a Dios. Solamente créele, porque él te llevará a ese nivel.

Cuando uno pasa mucho tiempo rodeado de limitaciones, aprende a soportarlas y se adapta a ellas. Hay personas que se adaptan a sus limitaciones y viven así toda la vida.

Pero el Señor no quiere que te adaptes sino que las abandones porque él anhela manifestarte su gloria.

El Señor tiene un arma poderosa para romper las limitaciones: la unción. Cristo significa «el ungido», y con su unción las limitaciones se hacen pedazos. Su unción está presente para ti. Es esa unción que él prometió a sus apóstoles cuando les dijo: «Recibirán poder».

La palabra «poder» en griego tiene la misma raíz que la palabra «dinamita». Jesús les dijo: «Pero cuando venga el Espíritu Santo sobre ustedes, recibirán poder y serán mis testigos» (Hechos 1:8).

Toda limitación será rota porque la unción de poder la dinamitará. La unción hará explotar toda carga y quedarás

El Señor tiene un arma poderosa para romper las limitaciones: la unción.

libre para ingresar al próximo nivel. Si avanzas al siguiente paso conservando tus limitaciones, luego de un tiempo automáticamente volverás atrás. Pero el Señor quiere que llegues al próximo nivel porque irás de gloria en gloria, de bendición en bendición y de victoria en victoria. La vida del justo es como la luz de la aurora que va en aumento hasta que el día es perfecto.

El Señor desea quitar todas las limitaciones que detienen tu vida. No solamente las que se pueden ver, ya sean físicas o materiales, sino todas aquellas que detengan su obra.

Este ciego que fue visitado por el Señor en un momento determinado de su vida, sin esperarlo y sin saberlo Jesús se presentó delante de él. Tal vez tú no estabas esperando ese encuentro, pero al igual que al ciego, hoy Dios quiere visitarte.

Capítulo 4

Del desierto a
tu destino

«Josías tenía ocho años cuando ascendió al trono, y reinó en Jerusalén treinta y un años. Josías hizo lo que agrada al SEÑOR, pues siguió el buen ejemplo de su antepasado David; no se desvió de él en el más mínimo detalle ... En el año dieciocho de su reinado, después de haber purificado el país y el templo, Josías envió a Safán hijo de Asalías y a Maseías, gobernador de la ciudad, junto con el secretario Joa hijo de Joacaz, a que repararan el templo del SEÑOR su Dios ... Al sacar el dinero recaudado en el templo del Señor, el sacerdote Jilquías encontró el libro de la ley del Señor, dada por medio de Moisés. Jilquías le dijo al cronista Safán: "He encontrado el libro de la ley en el templo del Señor". Entonces se lo entregó, y Safán se lo llevó al rey. Le dijo: Majestad, sus servidores están haciendo *todo cuanto se les ha encargado. Han recogido el dine-ro que estaba en el templo del Señor, y se lo han entre-gado a los supervisores y a los trabajadores. En sus fun-ciones de cronista, Safán también informó al rey que el sumo sacerdote Jilquías le había entregado un libro, el cual leyó en presencia del rey. Cuando el rey oyó las palabras de la ley, se rasgó las vestiduras en señal de duelo»* (2 Crónicas 34:1-2, 8, 14-19).

¿Crees que la cadena de maldición se transmite de una generación a otra?

El abuelo del rey Josías se llamó Manasés, y también fue rey de Israel. Aunque al final de su reinado Manasés se humi-lló delante de Dios, fue uno de los reyes más perversos de esa nación. Corrompió a Israel con la idolatría y mataba a los enviados de Dios para enfadar a Jehová.

Pero tuvo un hijo a quien llamó Amón, que también se convirtió en rey. Fue perverso y arrogante como su padre. Al parecer, las presiones de la vida le impidieron humillarse ante Dios. Sin embargo, la tragedia de Amón fue su muerte, ya que un grupo conspiró contra él y lo mató.

Josías, nieto de Manasés e hijo de Amón, quedó huérfa-no de padre a los ocho años. Debió madurar rápidamente, ya que en lugar de juguetes, en sus manos había cargos y res-ponsabilidades debido a que a esa corta edad tuvo que comenzar a reinar.

Una de las cosas más extraordinarias de esta historia es que este niño tenía una inclinación natural hacia Dios. Algo aparentemente imposible si tan solo nos remitimos a las generaciones que le precedieron. Pero este joven era distin-to a su padre y a su abuelo, había un acercamiento a amar a Dios.

Relata la Biblia que a los dieciséis años de edad comen-zó a buscar a Dios. Se menciona que hizo lo bueno y lo recto delante de él de acuerdo al testimonio del rey David.

Muchas personas toman como excusa las generaciones pasadas para justificar lo mal que viven hoy. Pero nosotros no podemos tomar como excusa a aquellos que han vivido mal la vida, porque Dios nos dejó buenos ejemplos para imitar.

A los veinte años comenzó a sentir una inclinación para hacer algo más para Dios y empezó a santificar al pueblo al limpiarlo de la idolatría, aunque tal vez no entendía la razón específica del porqué lo estaba haciendo. A los veintiocho años se interesó por reparar la casa de Dios, puso en orden el santuario.

Algo sucedió mientras restauraban el templo. Debajo de los escombros encontraron dinero y algo aun más valioso: el libro de la ley de Moisés. Ellos suponían que dentro del templo se guardaba dinero para cualquier eventualidad pero encontraron Palabra de Dios. Al hallarlo, el escriba Zafán rápidamente le avisó a Josías de su descubrimiento.

La revelación del propósito de vida

Varios historiadores bíblicos comentan que junto a la ley de Jehová se guardaban las memorias de los reyes. Estas eran muy importantes para el pueblo de Israel, porque se relataban tanto los hechos buenos de los reyes como malos. Estos servían de ejemplo para los futuros reyes que le sucedieran.

Así fue que Zafán le llevó al rey Josías la ley de Moisés y el libro de las memorias de los reyes. Seguramente Josías pidió a sus criados que se lo leyeran, y al terminar la lectura algo sucedió, algo se rompió en el interior del rey. Algo impactó su corazón. No solo le impresionó escuchar la ley de Moisés, de la cual tenía una idea remota, sino que sucumbió ante el relato de las memorias de los reyes. Lo mismo puede suceder contigo si descubres lo que él descubrió de sus antepasados. Al oír ese relato, Josías se puso de pie, comenzó a gritar y rasgó sus vestiduras.

En el primer libro de Reyes hay una profecía que data de 400 años antes que Josías naciera. En ese entonces había un rey malvado llamado Jeroboam. En ese momento Dios había enviado un profeta de Judá a Betel para decirle al pueblo que levantaría a un hombre que limpiaría al pueblo de Israel de su idolatría. Este profeta anunciaba a un varón que nacería 400 años después y sería un instrumento de Dios para cambiar el curso de la historia de Israel.

En 1 Reyes 13: 1-2 dice:

«Sucedió que un hombre de Dios fue desde Judá hasta Betel en obediencia a la palabra del SEÑOR. Cuando Jeroboán, de pie junto al altar, se disponía a quemar incienso, el hombre de Dios, en obediencia a la palabra del SEÑOR, gritó: «¡Altar, altar! Así dice el SEÑOR: En la familia de David nacerá un hijo llamado Josías, el cual sacrificará sobre ti a estos sacerdotes de altares paganos que aquí queman incienso. ¡Sobre ti se quemarán huesos humanos!».

Al escuchar Josías el contenido del libro de memorias de los reyes antepasados, imagino que habrá entendido que Dios hablaba de él y que había un propósito de Dios para su vida. Entendió entonces que hasta ese momento había caminado sin la verdadera motivación, sin su verdadero destino.

La profecía impactó su vida porque a través de ella descubrió su verdadero propósito. Ya no había razón para seguir en el desierto sin motivación. Dios había hablado de él 400 años antes que naciera, profetizando que sería el hombre que cambiaría la historia de su nación. Él tenía que entender esto. Tenía que saber que lo que estaba haciendo era correcto, pero además, debía comprender por qué lo estaba haciendo.

De ahí en adelante Josías fue transformado. En la actualidad hay personas que hacen cosas buenas, que tienen inclinación espiritual, pero su motivación no es la correcta, entonces nunca pueden salir de su desierto y jamás llegarán a su destino. Si primero no se transita por el propósito y se entiende, es imposible alcanzar el destino. Porque es necesario entender primero la razón y la causa de nuestra existencia.

> *Si primero no se transita por el propósito y se entiende, es imposible alcanzar el destino.*

¿Cuál es el propósito?

El propósito es la llave de la verdadera vida. Sin este la vida no tiene significado, ya que es la fuente de la motivación y la madre del compromiso. Hay personas que no tienen compromiso en la obra del Señor y en ninguna de las cosas que hacen. Y la razón principal no es la falta de recursos, sino la falta de comprensión de su propósito, pero cuando comprendes esto automáticamente tendrás la motivación y el compromiso. Cuando sabes que fuiste creado con un propósito, entonces vives para ello.

La tragedia más grande que está sucediendo en nuestro mundo y aun dentro de nuestra iglesia, es que las personas cambian su verdadero propósito por otro. Algunos creen que ser rico es el propósito de su vida. Otros piensan que tener placer es el propósito de su vida. Pero el verdadero propósito se encuentra solamente en la mente de Dios. No importa cuántos logros se alcancen, si no existe la motivación del propósito siempre nos sentiremos incompletos.

> *La tragedia más grande que está sucediendo en nuestro mundo y aun dentro de nuestra iglesia, es que las personas cambian su verdadero propósito por otro.*

Propósito eterno

La motivación surge del propósito, es la intención original en la mente del Creador que lo motivó a formarlo. Antes de toda producción debe existir un plan. Tú no puedes inventar algo si primero no tienes una meta. Todo lo que se ha inventado fue concebido primero en la mente con un intención antes de la invención, antes de la producción, está el propósito.

> *No estás en la tierra para pasar el tiempo, Dios te escogió para cambiar las generaciones.*

Cuando Dios hace algo es con un propósito, con una idea, con una intención. Él nunca crearía algo sin una finalidad. Primero analiza la situación y luego lo crea.

Tú no eres un accidente de papá y mamá. Eres una creación de Dios, estuviste en su mente, formaste parte de un plan. Cuando Dios creó a Adán y a Eva, también te creó a ti en su mente. Te puso un nombre y un propósito. No estás en la tierra para pasar el tiempo, Dios te escogió para cambiar las generaciones. Pero mientras no descubras el propósito, utilizarás mal tu vida.

Un día intentaba clavar un clavo en una tabla busqué un martillo por toda la casa y no lo encontré. Fui a una tienda, intentando comprar un martillo pero estaba muy caro, entonces regresé a casa sin haberlo comprado, pero pensando que de alguna manera resolvería la situación. Busqué un zapato y empecé a golpear el clavo con el zapato. Como el clavo no se hundía, seguí golpeando, ¿puedes creer que no me había dado cuenta que el taco del zapato era de goma? Golpeé tanto que el clavo se hundió en el zapato. Cuando traté de sacarlo se rompió la suela. El propósito por el cual fue creado el zapato no es el de clavar clavos.

Si no entiendes el plan por el cual fuiste creado harás un mal uso de tu vida. Dios te creó con un propósito específico, y si no lo conoces, al poco tiempo te darás cuenta que destruirás tu destino. Él le puso significado a tu vida, le puso una razón a tu existencia.

Instrumentos para cambiar una generación

Si estás vivo es una señal de que Dios hará algo grande en tu vida. Si hoy estás vivo significa que tienes algo que esta generación necesita. No pienses menos de ti mismo. Cuando comienzas a entender el propósito, las ideas de Dios, entonces comprendes la razón del porqué has sobrevivido a todo lo que ha querido destruirte en el pasado. Quizá otros se corrompieron en el pecado, tal vez tus padres no están en el camino. Sin embargo, sentiste una inclinación a buscar de Dios más allá de lo que hicieron tus anteriores generaciones.

Quizás te has preguntado por qué razón has sobrevivido a los padecimientos de toda tu familia. ¿Por qué has preservado mi vida? La única forma de contestar estas preguntas es entendiendo el propósito de Dios. Al igual que Josías, Dios había separado su vida 400 años antes de que él naciera.

Dios ha profetizado sobre tu vida. Él miró este tiempo, vio las necesidades y luego dijo: «¿A quién enviaré? ¿Quién será mi instrumento para cambiar el curso de la historia? Crearé a Pedro, a Pablo, a María, a David, a Edwin. Ellos serán mis instrumentos para cambiar esta generación».

Si hasta ahora estuviste dando vueltas en el desierto, haciendo mucho ruido pero con poco avance. El Señor te dice: «Este es el día en el que te afirmo que no eres un accidente. Primero debes encontrarte conmigo y después contigo mismo para enfrentar tu destino».

¿Estás dispuesto a encontrar cuál es el propósito y la razón de tu existencia?

¿Estás dispuesto a encontrar cuál es el propósito y la razón de tu existencia?

Cuando Dios le reveló a Josías el propósito de su vida, él rasgó sus vestiduras porque se dio cuenta que por más que se hubiera esforzado en la vida jamás hubiera alcanzado el verdadero propósito de Dios sin esta revelación.

Pasos para encontrar el propósito de Dios

Quiero enumerarte algunos pasos para encontrar el propósito de Dios para tu vida.

1. *Limpia tu vida*

Si quieres hallar el propósito de Dios en tu vida lo primero que debes hacer es separarte de todo lo que te ha afectado negativamente. Apartarte de la impureza para acercarte al verdadero propósito de tu vida. Aléjate del pecado porque Dios ama al pecador pero aborrece al pecado. Por lo tanto, lo primero que tienes que hacer es tomar una decisión clara y firme como la del hijo pródigo que dijo: «Me levantaré y regresaré a la casa de mi Padre. Limpiaré mi casa de todo lo que me ha estado afectando. Si debo cambiar el estilo de vida, lo haré. Quiero encontrar el propósito de mi destino».

2. *Restaura tu templo espiritual*

Luego de apartarte de lo que afectó tu vida debes empezar una restauración espiritual. La limpieza interna y la restauración de tu templo espiritual no la puedes lograr por ti mismo sino con la asistencia del Espíritu Santo. Tienes que decirle a Dios: «Señor, deseo que el templo de mi vida sea restaurado». Esta expresión indica tu deseo de que la relación personal con Dios sea restaurada. Cuando pides restauración estás clamando que tu intimidad con el Señor sea restaurada.

Aprendí algo desde muy temprana edad en mi vida que me ha servido de mucho. Una persona me dijo: «Nunca juzgues un libro por la portada». Lo que uno proyecta exteriormente muchas veces no es la esencia de su contenido. En ocasiones uno se acerca a una persona por lo que ve, y en realidad no es lo que parece ser. Hay personas que se casaron por la proyección que vieron en su pareja, pero al llegar la noche de bodas: ¡Qué sorpresa!

Recuerdo la historia de una mujer que formaba parte del grupo de alabanza durante los servicios dominicales. Ella era soltera pero entrada en años. Mientras cantaba en un culto, el Espíritu Santo la tomó y comenzó a verse más bella. Entonces, un hombre que era soltero le dijo:

—Yo me quiero casar contigo.

—Sí, acepto —dijo la mujer.

Pero él, que era menor que ella puso una condición:

—Quiero casarme esta noche. ¿Aceptas?

—Sí, acepto —dijo ella.

Esa misma noche el pastor los casó.

Finalizada la ceremonia, se fueron juntos a compartir el lecho matrimonial, entonces él empezó a mirarla. Ella se quitó primero la peluca, después las pestañas, y por último los dientes. Cuando estaba por quitarse la pierna de plástico, él empezó a gritar:

—Canta mujer, canta.

No siempre lo que se ve de afuera es lo que hay por dentro. Pero cuando le das más importancia a lo espiritual, no hay forma de descuidar lo exterior. Si uno es lindo por dentro, lo será también por fuera. Porque el reflejo de lo interno se manifestará exteriormente. Entonces el hombre espiritual empieza a restaurar su relación íntima con el Señor.

Él tiene un tesoro para ti mejor que el oro y la plata, mejor que las riquezas del mundo, mejor que todas las cosas que puedas imaginar. El Señor tiene el tesoro de tu propósito, el mismo por el cual fuiste creado, la intención por la cual fuiste llamado. De esta manera podrás responder las preguntas básicas de la vida: «¿Quién soy? ¿De dónde vengo? ¿Adónde voy?». Tan pronto como empieces a cuidar de la casa interior, restaures y levantes los escombros, descubrirás este tesoro. El Espíritu Santo será el encargado de la reconstrucción. Él será quien levantará los escombros que los pecados secretos han dejado, los escombros de las motivaciones incorrectas, de los pensamientos equivocados. Debajo de esos escombros encontrarás el tesoro del propósito de Dios. Al encontrarlo harás lo que hizo Josías: Rasgarás tus vestiduras. Esto significa «morir a los deseos personales y caminar completamente en el plan de Dios».

Hasta ahora tu mente estuvo dividida en dos partes porque no habías entendido todavía el propósito de Dios. Pero cuando te sea revelado rasgarás tus vestiduras porque descubrirás que las posesiones materiales no son todo en la vida. Porque lo más importante es descubrir quiénes somos en Cristo Jesús y para qué fuimos creados.

3. *Haz un pacto con Dios*

Tan pronto como Josías descubrió el propósito de su vida, no solo rasgó sus vestiduras sino que también hizo un pacto. Josías limpió totalmente la casa de Israel, y luego de ello le dijo al pueblo: «Todos serviremos a Jehová y haremos pacto con él». Y la Biblia relata como una nota de esperanza, que Josías cambió el curso de la historia. Este hombre tan sencillo, que empezó a reinar sin saber cómo, fue usado por Dios. De tal manera que el pueblo siguió a Jehová mientras Josías estuvo vivo.

Dios te ha llamado con un propósito grande, pero no podrás hacer un pacto a menos que lo entiendas. Porque al conocerlo ya no te importará si tienes que sacrificar tu vida por el propósito por el cual fuiste creado. Dado que la satisfacción no viene por lo que te rodea, sino por poder cumplir con el propósito para el que fuiste llamado por Dios.

Desata tu futuro

Mientras escribía este capítulo, el Señor me mostró espiritualmente a personas que al leer estas páginas él les revelaría su propósito. Que él le mostraría algo que fue secreto hasta ahora, que antes no lo comprendía, pero el Señor le dice: «Yo quiero revelarte mi propósito». El Señor me mostró que esas personas rasgaban su ropa en el altar, que se despojaban de su agenda, de sus motivaciones, de sus planes e ideas y se entregaban por completo al Señor. Tal vez tú eres una de esas personas que Dios me mostró. Quizás hasta hoy has entregado una pequeña porción de tu corazón para evitar compromisos, porque entregar toda tu vida significa sacrificio.

Si entregas todo a Dios, sin reservas, algo se desatará en tu vida. El Señor sacará del desierto a quienes aún no encontraron su destino. Quizá piensas que

Si entregas todo a Dios, sin reservas, algo se desatará en tu vida.

esto es para aquellos que llevan poco tiempo en el evangelio, que no es para ti. Pero te asombrarás al descubrir el propósito para tu vida. Entonces sentirás la verdadera satisfacción, algo que nunca antes sentiste, descubrirás para qué fuiste creado.

Prepárate, cuenta hasta tres y toma la decisión de descubrir el propósito de tu vida. Si así lo deseas haz esta oración conmigo:

«*Padre, en el nombre de Jesús pedimos tu asistencia. Señor, tu palabra transformará mi vida. Recibo los cambios eternos que produce Tu palabra. Deseo conocer el destino profético para mi vida. Abre mi mente, mi corazón, de tal manera que pueda comprender cuál es mi destino. Amén*».

Capítulo 5

AHORA ES TU TURNO

*«Y le digo a Dios, a mi Roca: "¿Por qué me has olvi-
dado? ¿Por qué debo andar de luto y oprimido por el
enemigo?". Mortal agonía me penetra hasta los huesos
ante la burla de mis adversarios, mientras me echan
en cara a todas horas: "¿Dónde está tu Dios?" ¿Por
qué voy a inquietarme? ¿Por qué me voy a angustiar?
En Dios pondré mi esperanza, y todavía lo alabaré.
¡Él es mi Salvador y mi Dios!»* (Salmo 42:9-11).

Alguien ha dicho que los Salmos son como espejos
donde podemos mirarnos y vernos reflejados. Los
cánticos de pruebas y tribulaciones que pasaron los
siervos de Dios los inspiraron para escribirlos. Podría asegu-
rarte que el Salmo 42 es realmente un espejo en el que me
he mirado muchas veces.

Casi con certeza puedo aseverar que este salmo fue escrito por el rey David mientras era perseguido por Saúl o Absalón. El salmo describe una gran lucha interna entre el alma y el espíritu. Cuando uno está atravesando problemas difíciles los pensamientos del alma corren, traen desánimo y desaliento a nuestra vida. Las crisis y los problemas nos hacen pensar que Dios se ha olvidado de nosotros. Al verse en esa condición uno comienza a preguntarse: «¿Se olvidó Dios de mí?». En alguna oportunidad de nuestra vida, todos hemos estado ahí, batallando con nuestro espíritu y haciéndonos la misma pregunta que David: «Señor, ¿por qué me has olvidado?».

Los enemigos se burlaban de David frente a las circunstancias difíciles. Esa es una arma poderosa del reino de las tinieblas, primero te ataca y te tiene acorralado y después te pregunta: «¿Dónde está tu Dios?».

Pero es importante saber contestarle al enemigo ante una situación similar porque nuestro Dios está por encima de nosotros, él está reinando y nadie puede mover su trono, porque es la roca inconmovible. Ese Dios es quien sostiene mis pies rodeando todo lo que obtengo. Él rodea mi casa, mi familia, mis hijos y mis posesiones. «El ángel de Jehová acampa alrededor de los que le temen», dice la Palabra.

Pero él no solamente está alrededor de mí sino que también está dentro de mí. Él camina conmigo, por eso puedo mirar al enemigo cara a cara y decirle: «Yo sé dónde está mi Dios. Él está arriba de mí, debajo de mí, alrededor de mí y dentro de mí». Está debajo de mí porque es la roca de la que me tomo cuando vienen las tempestades que quieren moverme. Cuando pasamos por circunstancias difíciles nos sentimos desanimados, infructuosos, improductivos, desalentados, abandonados, y a veces hasta olvidados. Muchas personas se esconden dentro de una cueva y comienzan a culpar la iglesia, al pastor y a los hermanos. Porque es de la manera que se sienten internamente, se sienten solos y abandonados.

Durante muchos años has visto cómo Dios promovió a otro y tú te has quedado esperando. Has visto cómo Dios ha bendecido a otros y tú te has quedado mirando. Has visto cómo Dios le ha contestado a otros pero tu oración no fue respondida. Has visto cómo otros sembraban y al instante eran prosperados y tú todavía estás esperando. Pero hay buenas noticias para ti, tú eres el próximo. Este es tu turno, este es tu momento.

Este es tu turno, este es tu momento.

Dios no se olvidará de ti

Hay algunos textos que declaran una tremenda verdad. Algunos de ellos son:

«*El Señor no rechazará a su pueblo; no dejará a su herencia en el abandono*» (Salmo 94:14).

«*Porque el Señor ama la justicia y no abandona a quienes le son fieles. El Señor los protegerá para siempre, pero acabará con la descendencia de los malvados*» (Salmo 37:28).

«*He sido joven y ahora soy viejo, pero nunca he visto justos en la miseria, ni que sus hijos mendiguen pan*» (Salmo 37:25).

«*Pero Sión dijo: "El Señor me ha abandonado; el Señor se ha olvidado de mí". ¿Puede una madre olvidar a su niño de pecho, y dejar de amar al hijo que ha dado a luz? Aun cuando ella lo olvidara, ¡yo no te olvidaré! Grabada te llevo en las palmas de mis manos; tus muros siempre los tengo presentes*» (Isaías 49:14-16).

En cada uno de estos textos la verdad del amor de Dios a sus hijos aflora inevitablemente. Dios declara que él no se olvida de ti. Los hombres pueden olvidarse, aun las madres pueden olvidar a sus hijos, pero Dios no se olvidará nunca de ti. Él no abandona a sus hijos.

Algunos creen que al mirar las manos de Jesús encontrarán una herida, pero descubrirán tu nombre y mi nombre esculpidos.

La primera razón por la cual él no te dejará es porque ha esculpido tu nombre en la palma de sus manos. Algunos creen que al mirar las manos de Jesús encontrarán una herida, pero descubrirán tu nombre y mi nombre esculpidos. Él nunca se olvida de ti.

La segunda razón por la cual Dios no puede olvidarse de ti es porque él es amor y misericordia. El amor nunca deja de ser. Todas las cosas pasarán pero el amor siempre prevalece. El amor nunca puede olvidar, tú eres su creación, eres su hijo. Mientras otros te abandonan cuando las cosas van mal, el amigo verdadero de tu alma, Cristo Jesús, nunca te dejará.

La tercera razón por la cual Dios no puede olvidarse de ti es porque él es fiel e inmutable. La palabra «Inmutable» significa que no puede haber cambio en él. El libro de Santiago dice que en él no hay mudanza ni sombra de variación. Dios es el mismo siempre. Si te amó ayer, hoy te ama también.

La cuarta razón por la cual Dios no puede olvidarse de ti es porque él es verdadero. Dios no es hombre para que mienta ni hijo de hombre para que se arrepienta. Lo que él dijo que haría contigo, lo hará. Él es un Dios verdadero, no puede mentir, porque en él está la verdad. Todo lo que dijo que haría, lo hará.

Yo sé que él no se olvidará de mí, aunque parezca que han pasado muchos años, que a otros se les ha cumplido y a mí no, mientras yo esté respirando sobre esta tierra veré las promesas cumplidas porque él lo ha prometido.

Dios de retribución

> *«¿Nos rechazará el SEÑOR para siempre? ¿No volverá a mostrarnos su buena voluntad? ¿Se habrá agotado su gran amor eterno, y sus promesas por todas las generaciones? ¿Se habrá olvidado Dios de sus bondades, y en su enojo ya no quiere tenernos compasión?»* (Salmo 77:7-9).

Este es el Dios que no se olvida de su misericordia, que te ama eternamente, que te ha jurado fidelidad y será fiel. Él no se ha olvidado de ti. Debes enfrentar tus pensamientos y decirle como el salmista: «Alaba alma mía a Jehová porque todavía voy a ver cosas grandes». Algo tremendo vendrá a tu vida. Aun cuando tu

Mientras otros te abandonan cuando las cosas van mal, el amigo verdadero de tu alma, Cristo Jesús, nunca te dejará.

mente te diga que él se olvidó de ti, tú serás el próximo. El siguiente es tu turno. La bendición que viene es para ti y llega con retribución.

> *«Fortalezcan las manos débiles, afirmen las rodillas temblorosas; digan a los de corazón temeroso: "Sean fuertes, no tengan miedo. Su Dios vendrá, vendrá con venganza; con retribución divina vendrá a salvarlos. Se abrirán entonces los ojos de los ciegos y se destaparán los oídos de los sordos; saltará el cojo como un ciervo, y gritará de alegría la lengua del mudo. Porque aguas brotarán en el desierto, y torrentes en el sequedal.*

La arena ardiente se convertirá en estanque, la tierra sedienta en manantiales burbujeantes. Las guaridas donde se tendían los chacales, serán morada de juncos y papiros» (Isaías 35:3-7).

Todo lo que has sembrado y hecho, todo lo que has caminado en piedad mientras que a otros no les ha importado mantenerse fiel para el Señor, será recompensado. El Señor te dice: «Yo vengo con retribución, vengo con pago. Yo pagaré».

Este es el tiempo en que Dios hará algo tremendo en tu vida. Tienes que quitar de tu mente que Dios te ha olvidado y escribir en tu memoria que él viene a tu vida con retribución.

Mientras escribía este capítulo, el Señor me dijo proféticamente que él haría algo grande en muchas vidas mientras leían estas páginas. Hay personas que creen que Dios las ha olvidado, pero quiero decirte que el mensaje de Dios es: *«Tú, mujer estéril que nunca has dado a luz, ¡grita de alegría! Tú, que nunca tuviste dolores de parto, ¡prorrumpe en canciones y grita con júbilo!»* (Isaías 54:1).

> *El Señor cambiará la atmósfera en tu vida.*

El Señor cambiará la atmósfera en tu vida. Él irrumpirá en tu casa, en tus finanzas y en tu trabajo. Él cambiará la atmósfera de tu matrimonio, transformará todo lo infructífero en fértil. Este es el tiempo para tu vida.

Cuando Dios irrumpe en un área en tu vida, todo cambia. Porque él hace que lo que no es fructífero tenga fruto. Él es el Dios que trae la bendición, la abundancia. Él es quien te dice: «Espérame, alábame, glorifícame, gózate, porque en los próximos tiempos haré esto por ti. Plantaré mis pies en medio de tu casa y bendeciré todo lo que hay allí».

Lo que era improductivo, Dios lo hará productivo. Desde ahora en adelante él vendrá con retribución a tu vida. Él te dice: «el próximo en la línea eres tú». Este es tu turno, ahora es tu momento.

Hacia la bendición

La bendición de Dios estará arribando a tu vida. Dios hará grandes cosas contigo y nada podrá impedir que eso ocurra:

El reino de las tinieblas no podrá detener lo que Dios hará contigo.

La edad no podrá detener lo que Dios hará contigo. Los estudiosos declaran que después de los 30 años el hombre ya no tiene potencial para hacer nada en la vida. Pero los cristianos somos como Caleb, y a los 80 años le diremos a ese monte: «Ahora viene mi bendición, este es mi turno». No importa si no eres joven, Dios te va a visitar de una manera sobrenatural.

Tu pasado tampoco podrá detenerlo. Algunos dicen que no pueden alcanzar sus sueños como consecuencia de haber vivido un pasado terrible. Sin embargo, él nos dice que abrirá caminos en el desierto. El pasado no puede detener lo que Dios hará contigo. El único que mira hacia atrás y nos recuerda nuestro pasado es el enemigo de las almas. Pero nuestro Dios nos recuerda nuestro presente y nuestro futuro.

Las personas no podrán detener la bendición que viene sobre tu vida.

Las circunstancias naturales de la vida no podrán detener lo que Dios hará contigo. Las guerras no podrán detenerlo, ni la inflación, ni las tormentas, ni las depresiones económicas. Nada podrá detener lo que Dios te ha prometido. Él lo hará por encima de las circunstancias naturales de la vida.

Las personas no podrán detener la bendición que viene sobre tu vida. Cada vez que Dios ha querido llevarte a otro nivel, siempre hubo alguien que intentó meterse en el medio. La excelencia en la obra trae celos en las personas. Hay quienes se llenan de celos cuando Dios usa a alguien, pero ni aun los celos y las envidias detendrán la mano de Dios que te bendice.

Cuando José empezó a tener sueños de Dios, los hermanos comenzaron a llenarse de celos. Pasó por diferentes tipos de dificultades, aun fue a prisión, pero la bendición de Dios llegó a su vida en la edad y el momento justo. Dios te dice: «Hijo, tú eres el próximo».

Capítulo 6

SE ACABÓ TU SEQUÍA

«*Pero ahora, Jacob, mi siervo, Israel, a quien he escogido, ¡escucha! Así dice el SEÑOR, el que te hizo, el que te formó en el seno materno y te brinda su ayuda: No temas, Jacob, mi siervo, Jesurún, a quien he escogido, que regaré con agua la tierra sedienta, y con arroyos el suelo seco; derramaré mi Espíritu sobre tu descendencia, y mi bendición sobre tus vástagos, y brotarán como hierba en un prado, como sauces junto a arroyos*» (Isaías 44:1-4).

El verano de 1853 fue extraordinariamente cálido y seco en una zona de los Estados Unidos, de modo que los pastizales se secaron y todo presagiaba una cosecha desastrosa. Bajo estas circunstancias, la gran congregación se reunió un domingo en la iglesia, como de costumbre, aunque el cielo estaba despejado, Finney sintió la pesada carga de orar pidiendo lluvia. En su oración profundizó el clamor de angustia que provenía de cada corazón y detalló la prolongada sequía en más o menos las siguientes palabras: «Señor, no pretendemos dictarte qué es lo mejor para nosotros, pero tú nos has invitado a que acudamos a ti como niños a su padre terrenal, y te contemos nuestras necesidades. Necesitamos lluvia. Nuestros pastizales están secos, la tierra está boqueando de sed; el ganado vaga de un lado a otro en busca de agua. Aun las ardillas del bosque padecen de sed. Nuestro ganado morirá y nuestra cosecha se perderá si no nos das agua. ¡Oh, Señor, mándanos lluvia y que sea ahora mismo! Aunque no vemos señal de lluvia, es fácil para ti producirla. Envíala, Señor, ahora mismo, por el amor de Cristo. Amén».

Leyó las Escrituras y comenzó a predicar, pero en unos pocos momentos tuvo que detener su predicación, debido al ruido producido por los truenos de la tormenta. Se detuvo y dijo: «Es mejor dejar el mensaje en este punto y dar gracias al Señor por la lluvia».

Este es un relato verídico de la vida de Finney, que sabía que Dios era el proveedor de los torrentes de agua para la vida. Él está dispuesto a brindar las lluvias de gracia y bendición sobre tu vida para que se acabe tu sequía.

> *Dios está dispuesto a brindar las lluvias de gracia y bendición sobre tu vida para que se acabe tu sequía.*

La lluvia es una bendición que trae vida, restauración y abundancia a nuestra naturaleza. A la falta de lluvia por tiempos prolongados se le llama sequía. Esto puede producir un caos, un desequilibrio en la naturaleza, a tal grado que aun los seres humanos se encuentran en peligro.

Los efectos de una sequía son desastrosos. Si han podido vivir en un lugar durante una temporada de sequía se darán cuenta a lo que me refiero.

En el estado de California, las sequías han sido tan prolongadas que produjeron tremendos vientos con chispas de fuego que incendiaron hectáreas enteras debido a la sequedad del terreno. El fuego consumió casas y hasta hubo pérdidas humanas como resultado de la falta de agua.

Esto es simplemente lo que la sequía produce en la naturaleza, pero es difícil imaginar lo que la sequía produce en la vida humana. Las sequías prolongadas de la vida son esos momentos en que nos vemos escasos de lo que necesitamos para vivir. La falta del elemento básico en nuestra vida puede manifestarse en la salud, en la prosperidad, aun en nuestra relación con otros seres humanos. La sequía puede sentirse en la relación matrimonial o en la relación con tus hijos u otros familiares.

Quizá estás pasando por una sequía en lo espiritual y no escuchas la voz de Dios. A veces, al encontrarnos en esta situación queremos reprender al diablo, pero no nos damos cuenta que no es siempre el diablo quien la causa. Hay varias razones por las cuales podemos entrar en una sequía que detiene la bendición en nuestra vida, y existen varias causas:

I. Malas decisiones

Las malas decisiones producen malos resultados. Hay personas que lloran porque se quedaron sin trabajo luego de haberle contestado mal a su jefe. Si te hubieras callado aún conservarías tu puesto. Malas decisiones, malos resultados. Malas decisiones traen períodos áridos, secos.

> *Las malas decisiones producen malos resultados.*

¿Cómo le explicas a tu esposa que te olvidaste del aniversario? Por eso, yo trato de no olvidarme. Un día mi esposa me dijo: «¿Te acuerdas que día es mañana?», y me dio la espalda porque sonó el teléfono. Dudé y me quedé pensando: «Padre Santo, Padre Santo, Padre Santo, hazme recordar...», pero como decía mi abuelo: «Ante la duda, saluda». Salí, corrí y compré rosas y chocolates, le escribí una tarjeta sin escribirle para qué acontecimiento era, simplemente puse: «Te amo con todo mi corazón» y se la entregué. Entonces ella me preguntó:

—¿Por qué es este regalo?

—Es que tú ayer me dijiste si me acordaba qué día era hoy.

—Sí, yo quería recordarte que hoy era el día para sacar la basura.

«¡Ante la duda, saluda!» Ante la duda esa fue una buena decisión.

A veces tomamos malas decisiones, experimentamos sequía como consecuencia de una decisión incorrecta.

II. La rebeldía a la voz y a la guía de Dios

Si quieres obedecer al Señor ten por seguro que no entrarás en sequía. Cuando haces lo que él dice la consecuencia será que él te guiará por senderos de justicia por amor de su nombre. Pero cuando yo quiero tomar mi camino, entonces me aparto de la bendición que él tiene para mí.

III. Las transiciones normales de la vida

No podemos culpar al enemigo por eso. Cuando las mujeres llegan a cierta edad entran en una etapa que se llama la menopausia, y los hombres en la andropausia. Esta es una etapa de sequía.

Cuando sufrimos cambios en la vida, transiciones, en varias oportunidades sentimos que la sequía nos invade. Por ejemplo, cuando nos mudamos de casa, de barrio o de país, muchas veces la sensación que produce la transición es la de sequía y resentimientos en su vida.

IV. El enemigo produce sequía

El reino de las tinieblas se complace en producir sequía en nuestra vida. Dios quiere bendecirte pero el diablo quiere impedir que tú recibas esa bendición. La Palabra dice que el enemigo vino para matar, hurtar y destruir. Su misión es causar desastres y sequía personal en tu vida. Él no quiere que recibas las bendiciones de Dios porque bendecirás y alabarás el nombre de Dios como nunca antes, y además el que está a tu alrededor también bendecirá y alabará el nombre de Dios.

El enemigo no quiere que el plan de Dios se cumpla en tu vida, y luchará con toda su fuerza para que no recibas lo que Dios quiere darte. Pero no importa qué fue lo que causó tu sequía personal, yo tengo buenas noticias. El Señor te dice: «Acabaré con tu sequía porque voy a derramar agua sobre tu sequedal y ríos sobre la tierra árida. No importa cuál sea tu sequía ni en que área, porque derramaré agua sobre ti».

Si estás experimentando una sequía de soledad, él derramará agua sobre ti.

Si estás experimentando una sequía de soledad, él derramará agua sobre ti. Si es una sequía de interrelación, él derramará agua sobre ti. Si es una sequía de prosperidad, él derramará agua sobre ti. Si es una sequía de salud, él derramará su agua de sanidad.

Depende de la lluvia

La Palabra dice que en este último tiempo el Señor enviaría la lluvia temprana y la tardía. Cuando se refiere a esto lo hace comparando las dos temporadas de la siembra de los hebreos o del pueblo de Dios. Después de pasar la sequía del verano, llegaba octubre y noviembre, meses de lluvia temprana; luego llegaba diciembre, enero y febrero, y en el último mes llegaba la lluvia tardía. Esa lluvia bendecía lo que Dios había sembrado. Pero el Señor no dijo: «Te enviaré la lluvia temprana primero y luego la tardía».

Una lluvia de bendiciones viene como nunca antes sobre tu vida. El Señor hará germinar lo que estaba muerto. Este es el tiempo en que Dios mostrará su gloria sobre la iglesia como nunca antes. Nosotros no dependemos de Wall Street para recibir nuestra bendición, la gran lluvia no viene de un centro financiero ni de tu trabajo. La lluvia viene del cielo, de donde está Dios, el que te salvó y te rescató con su poder.

> *Este es el tiempo en que Dios mostrará su gloria sobre la Iglesia como nunca antes.*

Estoy convencido de que cuando Dios dice que hará algo, en realidad, ya está hecho. ¿Crees que ya empezó a llover? Yo lo creo. Hay algo que Dios hará con nosotros. Dios nos entregará una llave para que podamos abrir las ventanas de los cielos y hacer que lo que está bajando caiga sobre nosotros.

Dios puede derramar su lluvia en todo lugar, allí habrá gente preparada con una llave para abrir las ventanas de los cielos, para que esa lluvia se derrame sobre ti y la abundancia del agua pueda inundar a otros también.

El Señor envió su lluvia temprana y tardía de prosperidad, de bendición y abundancia para acabar con tu escasez, tu sequía. El enemigo le puso una puerta con un candado para que esa lluvia no te caiga encima, pero el Señor te entregará una llave para que abras esa puerta. La Palabra de Dios dice que todo lo que ates en la tierra será atado en los cielos, y que todo lo que desates en la tierra será desatado en los cielos. Dios tiene una llave para acabar con tu sequía.

Nosotros somos los pies y las manos de Dios sobre la tierra, si el Espíritu Santo usara a alguien para desatar su poder de una manera sobrenatural, será a ti y a mí. Dios usará tus manos para acabar con la sequía de los que están a tu alrededor. No habrá más enfermedad ni pobreza, no habrá más maldición, ¡se acabó tu sequía! En este momento Dios te da la llave para abrir la puerta de los cielos.

¿Qué hizo Dios para acabar con la sequía de su pueblo?

«Entonces Elías le dijo a Acab: Anda a tu casa, y come y bebe, porque ya se oye el ruido de un torrentoso aguacero. Acab se fue a comer y beber, pero Elías subió a la cumbre del Carmelo, se inclinó hasta el suelo y puso el rostro entre las rodillas. Ve y mira hacia el mar le ordenó a su criado. El criado fue y miró, y dijo: No se ve nada. Siete veces le ordenó Elías que fuera a ver, y la séptima vez el criado le informó: Desde el mar viene subiendo una nube. Es tan pequeña como una mano. Entonces Elías le ordenó: Ve y dile a Acab: Engancha el carro y vete antes de que la lluvia te detenga. Las nubes fueron oscureciendo el cielo; luego se levantó el viento y se desató una fuerte lluvia. Pero Acab se fue en su carro hacia Jezrel. Entonces el poder del SEÑOR vino sobre Elías, quien ajustándose el manto con el cinturón, echó a correr y llegó a Jezrel antes que Acab» (1 Reyes 18:41-46).

El apóstol Santiago relata que Elías era un hombre con debilidades como las nuestras. Con fervor oró para que no lloviera, y no llovió sobre la tierra durante tres años y medio. Volvió a orar, y el cielo dio su lluvia y la tierra produjo sus frutos. El pasaje bíblico no dice que Dios envió la lluvia, dice que Elías oró otra vez para que lloviera, es decir, que la lluvia ya había sido enviada y la oración de Elías abrió la puerta para que pueda descender. El cielo dará lo que Dios te envió, todas las bendiciones retenidas están ahí, en el cielo, están contenidas allí y cuando lleguen sobre ti no serán solo las bendiciones de ahora sino que recibirás las bendiciones retro-activas. Si el enemigo ha tratado de detener tu bendición hace años, este es el tiempo en que el Señor te devolverá el doble de lo que el enemigo te ha detenido.

Consejos para acabar con la sequía

¿Qué hizo el profeta para acabar con la sequía? En 1 Reyes 18 encontramos cada paso que el profeta dio. Si quieres acabar con la sequía personal, en primer lugar debes:

I – Profetizar el fin de tu sequía

> «*Anda a tu casa, y come y bebe, porque ya se oye el ruido de un torrentoso aguacero*» (vv. 41).

El Señor no dijo: «una lluvia grande se ve», sino «una lluvia grande se oye». Si quieres acabar con tu sequía deberás profetizar el fin de ella.

No has salido antes de tu sequedad porque sigues profe-tizando tu sequía, porque sigues quejándote y lamentándote de tu problema. Pero no se acabará hasta que no profetices el fin de tu problema.

¿Estás atravesando una sequía económica? Toma tu car-tera y profetiza: «Cartera, se acabó tu sequía, se acabó la pobreza, se acabó la necesidad, se acabó la falta de dinero para vivir. Confieso en este momento el fin de la sequía».

La Palabra dice que el Señor llama a las cosas que no son como si fuesen. Nosotros no podemos seguir llamando a las cosas que son como son y querer salir de ellas. Si queremos salir de los problemas tenemos que imitar a nuestro Dios, que llama a las cosas que no son como si fuesen. No impor-ta dónde estás, importa dónde estarás. Donde tú estás ahora es relativo en cuanto a donde estarás mañana.

Se acabó la sequía. Comienza a hablar lo que Dios habla. Confiesa lo que Dios confiesa, aunque otros no lo oigan. Esta es la hora de levantarse, ponerse en pie de triunfo y proclamar que se acabó la sequía.

Si sigues hablando de tus problemas lo único que conseguirás es tener pena de ti mismo. Dios no te tiene pena porque él no tiene problemas, sino soluciones. Él te dice: «Deja de hablar sobre el problema y toma la solución».

II – Utiliza tu sequía para crecer

> *«Acab se fue a comer y beber, pero Elías subió a la cumbre del Carmelo, se inclinó hasta el suelo y puso el rostro entre las rodillas»* (vv. 42).

Hay dos cosas que pueden suceder mientras estás atravesando una sequía personal: descender o ascender espiritualmente.

Hay personas que cuando las cosas les marchan bien, cantan y danzan en el Señor, pero cuando llega la sequía a su vida, pocas saben gozarse en el Señor y ascender espiritualmente. Las sequías deben acercarte más al Señor. Algo tremendo ocurre cuando puedes elevarte en vez de sucumbir. La intención del enemigo es que desciendas espiritualmente para que caigas en su terreno y pueda destruirte por completo. Pero cuando empiezas a escalar y crecer espiritualmente en medio de una sequía, no hay presión del enemigo que pueda resistir las alturas de Dios.

Había un piloto de prueba que se disponía a revisar un avión. Mientras examinaba el oxígeno y ascendía, en medio de la prueba descubrió que llevaba de polizonte a unas ratas que se estaban comiendo el conducto del oxígeno. Llamó a la torre de control y preguntó: «¿Qué hago? Hay unas ratas que se están comiendo los cables vitales para sobrevivir». Ellos le contestaron: «Hay una sola salida. Lleva el avión hacia las alturas y empieza a ascender». El piloto empezó a subir, subir y subir. Ya en las alturas comprobó que las ratas no soportaban el nivel de presión, y explotaron.

La poderosa llave para acabar tu sequía personal es la humillación.

El reino de las tinieblas no está preparado para resistir la presión de la altura, no puede vivir allí. Si quieres que se despeje de ti todo poder de las tinieblas: Sube, no bajes. Acércate más a Dios.

III – Humíllate delante de Dios

> *«Elías subió a la cumbre del Carmelo, se inclinó hasta el suelo y puso el rostro entre las rodillas»* (vv. 42).

La poderosa llave para acabar tu sequía personal es la humillación, porque significa que te pones «debajo de, a disposición de». En este caso se refiere a Dios. Dice la Palabra: «Estad quietos y conoced que yo soy Dios».

Tu sequía no se ha acabado porque has tratado de resolverla por tus propios medios, y lo que haces es introducirte cada vez más y más en ella. Pero si te postras de rodillas, te humillas y le dices: «Ya no yo, sino tú que vives en mí», los resultados serán distintos.

De ahora en adelante el Señor te sacará con mano poderosa y enviará una lluvia copiosa sobre tu vida. Debes reconocer que sin Dios nada somos. «Separados de mí —dice el Señor— nada podéis hacer». Tienes que humillarte si quieres acabar con tu sequía. Dios no necesita ayuda.

Rinde tus fuerzas, tus habilidades, tus objetivos y todos tus planes al Señor y dile: «Señor, guíame tú». De ahora en adelante no serán tus planes, debes humillarte delante de Dios para que él te dirija.

IV – Sé determinado en tu oración

*«Ve y mira hacia el mar le ordenó a su criado. El cria-
do fue y miró, y dijo: No se ve nada. Siete veces le ordenó Elías que fuera a ver»* (vv. 43).

Debes determinarte a continuar orando hasta que algo
ocurra. La determinación es una resolución del corazón que
resuelve que no darás un paso para atrás, demuestra que estás
determinado, resuelto, de que el fin de tu sequía viene a tra-
vés de lo que Dios te dará.
El profeta le dijo al criado:
—Ve y mira.
Supongamos que el lugar adonde Elías mandaba al cria-
do era lejos: quizás desde el Monte Carmelo hasta al mar.
Tenía que bajar e ir hasta la orilla del mar para mirar si se veía
algo. Probablemente a los cuarenta y cinco minutos volvió y
le dijo:
—No se ve nada.
—Vuelve siete veces —le dijo el profeta.
Entonces el criado baja otra vez y regresa diciendo:
—No se ve nada.
—Sigue, te faltan seis — le contesta el profeta.
La segunda vez regresó y dijo:
—No se ve nada, te lo dije.
—Vete que te faltan cinco
—No se ve nada. Te dije que nada, nada, nada.
—Sigue —respondió Elías
Hasta que finalmente, por séptima vez, iba desanimado
y miró:
—Veo una nube pero no es más grande que la palma de
una mano, respondió el criado.
La determinación produce milagros del cielo. El profeta
pudo haber dicho a la segunda vez: «Vamos para casa. Nada
pasará. Nada ocurrirá». Pero él dijo: «Tú tienes que seguir

yendo. Tienes que seguir caminando. Tienes que seguir mirando. Tienes que seguir pidiendo por tu milagro. Tienes que seguir insistiendo».

El fin de tu sequía no vendrá a menos que te determines a recibirlo hoy. Tienes que seguir insistiendo. Si tienes que empujar, debes empujar. Pero no habrá infierno ni demonio que pueda robar el milagro que Dios tiene para tu vida.

Si estás orando y se acercan algunas personas a desanimarte y decirte que no ores más. Diles: «Continuaré en oración. He determinado que ya llegó el fin de mi sequía. Estoy viendo una nubecita que no es más grande que la palma de una mano». El milagro nunca comenzará de afuera para dentro, sino de adentro para fuera.

Cierra los ojos por un momento y mira dentro de ti esa nubecita pequeña de abundancia que, aunque parece insignificante, es una nube grande y llena de bendiciones.

V – Comienza a actuar conforme a tu fe

> *«Entonces el poder del Señor vino sobre Elías, quien ajustándose el manto con el cinturón, echó a correr y llegó a Jezrel antes que Acab»* (vv. 46).

Otra llave poderosa para desatar la bendición de Dios sobre tu vida es empezar a actuar conforme a tu fe.

Si te dijera que te voy a regalar un cheque por un millón de dólares, y tú me conoces, sabes que tengo el dinero y que mi palabra es confiable. Cuando te acuestes esa noche tendrás los mismos problemas económicos que ayer, porque yo te di un cheque y no lo puedes depositar hasta el día siguiente, pero tú ya eres millonario. Cuando Dios dice que hará algo es porque ya está hecho. El Señor te hizo un cheque y te lo está entregando en este momento. ¿Cuál es tu reacción?

¡Se acabó tu sequía!

Esto es una verdad que ya fue hecha. Es una afirmación. Ya está hecho. Has recibido tu milagro, el fin de la sequía. Tu reacción no puede ser triste o abatida porque lo que estás manifestando no concuerda con lo que estás confesando.

Para acceder al siguiente nivel debes librarte de la sequía que aplasta tu vida. Es necesario que le creas a Dios y actives tu fe. Al hacerlo comprobarás que se acabó tu sequía. Ya está hecho.

Capítulo 7

ENEMIGOS DEL GOZO

«Luego Nehemías añadió: "Ya pueden irse. Coman bien, tomen bebidas dulces y compartan su comida con quienes no tengan nada, porque este día ha sido consagrado a nuestro SEÑOR. No estén tristes, pues el gozo del SEÑOR es nuestra fortaleza» (Nehemías 8:10).

Se dice que en cierta ocasión el gran compositor Haydn estaba conversando con unos amigos acerca de la tristeza y la depresión moral.

—Cuando me siento desanimado —decía uno— empiezo a beber y esto me da nuevas fuerzas.

—Pues yo —contestó el otro— lo que hago es ponerme a tocar, y nada como la música para dar nuevo ánimo y alejar las penas.

Pero Haydn afirmó:

—Pues cuando yo me siento triste, ORO AL SEÑOR. Nadie como él para consolar y dar fuerzas al cansado.

El ambiente del Reino de los cielos es una atmósfera de gozo. La Palabra dice: «*Porque el reino de Dios no es cuestión de comidas o bebidas sino de justicia, paz y alegría en el Espíritu Santo*» (Romanos 14:17). También el salmo dice que en su presencia nos llenamos de alegría.

El gozo no es algo limitado en el Reino, sino que es una virtud que sale del trono de Dios porque nace en su presencia. Muchos ven el gozo como algo débil, sin embargo, es una fuerza, una virtud. Si no tenemos gozo, no tenemos fuerza. Entonces, si la fuerza viene del gozo, debo cuidar que siempre esté presente en mi vida para tener la fortaleza necesaria.

> *Si no tenemos gozo, no tenemos fuerza.*

Físicamente puedo estar bien, pero débil espiritualmente, porque mi fuerza proviene del gozo del Señor.

Dice la Palabra que el gozo del Señor es el fruto del Espíritu, por lo tanto el ambiente que se respira en el cielo es de gozo, pero si cada creyente ha recibido la persona del Espíritu Santo tiene una parte de ese Reino, aquí sobre la tierra.

Jesús dijo: «el Reino de los cielos está entre vosotros». El Reino de los cielos está no solo en la atmósfera sino también en cada persona que ha recibido a Cristo como su Salvador personal. Así que el mismo ambiente que hay en el cielo tiene que estar en la tierra.

En la presencia del Señor hay plenitud de gozo, entonces allí no hay ángeles serios, no hay querubines con caras largas. El gozo es una virtud que se manifiesta donde está Dios, y los que están cerca de él no pueden evitar caminar en gozo y fortaleza.

La alegría y el gozo

No es lo mismo la alegría que el gozo. La alegría viene de afuera hacia dentro, depende de las circunstancias que te rodean. El gozo proviene del Señor, y no importa lo que esté pasando afuera. Si hay tormenta, guerra y están cayendo mil y diez mil a tu lado, a ti no te importará, porque tu fuente no viene de afuera sino de adentro, de donde habita el Espíritu Santo.

El que te enseñó que en el evangelio tienes que vivir con la cara larga, se equivocó. Hay religiosos que piensan que cuanto más larga sea tu cara más espiritual serás. Pero Dios quiere manifestar su virtud a través de tu vida, y donde quiera que estés tu rostro irradiará lo que hay en el cielo. Cuando las personas que te rodean vean tu rostro notarán que en ti hay algo especial, mientras que otros están con sus rostros largos; tú tienes un gozo que nadie puede detener.

Este gozo es un regalo que nos da fuerza espiritual. En los momentos de crisis en tu vida, lo que tienes que buscar no es el apoyo de otras personas sino esa fuerza que hay en ti. En vez de lamentarte debes buscar que la fuente que fluye en tu vida pueda salir hacia fuera, tomar tu alma y hablar a través de tu boca, porque cuando el gozo comienza a hablar, canta y ora porque tiene voz para hacerlo.

Sin embargo, tenemos que saber que hay enemigos que constantemente trataran de robarnos el gozo. Ellos batallarán para robarnos esa virtud, esa fortaleza. No estoy hablando solamente del reino de las tinieblas, hay otros enemigos, pero para cada enemigo hay un arma secreta del gozo para derrotarlo.

PRIMER ENEMIGO:
EL REINO DE LAS TINIEBLAS

Los poderes espirituales de maldad están constantemente batallando contra ti con una estrategia en su mente: robarte el gozo. Si pueden robarte el gozo ya eres vulnerable, estás a su merced. Si logran quitarte las fuerzas, ya estás debilitado. Tu gozo es como el cabello de Sansón, y el enemigo está tratando de afeitarte la cabeza para quitarte las fuerzas.

Hay una gran batalla porque él sabe que la única manera de derrotarte es quitándote la fuerza del gozo a través de circunstancias, pruebas y dificultades. Él tratará de levantar tormentas contra tu vida para intentar quitarte la fuerza que produce el gozo, pero en el nombre de Jesús defenderás lo que Dios te ha dado.

> *Hay personas que han perdido el gozo porque no conocen lo que Dios dice en su Palabra.*

Cuando el reino de las tinieblas intenta robarnos el gozo, **el arma para destruirlo es *el conocimiento*.** Lo que tú sabes de Dios, lo que conoces de su Palabra mantendrá la fuerza del gozo fluyendo en tu vida. Hay personas que han perdido el gozo porque no conocen lo que Dios dice en su Palabra.

El pueblo de Dios perdió el gozo porque le faltó conocimiento. La Palabra dice: «*Pues por falta de conocimiento mi pueblo ha sido destruido*» (Oseas 4:6). «*Mi pueblo fue llevado cautivo, porque no tuvo conocimiento*» (Isaías 5:13 RV). Un pueblo puede ser destruido cuando le falta conocimiento, pero si tú conoces lo que Dios ha prometido no hay manera de que el enemigo pueda robarte el gozo.

Santiago 1:1-2 (RV) dice: «*Tened por sumo gozo cuando os halléis en diversas pruebas sabiendo que la prueba de vuestra fe produce paciencia*».

Mi conocimiento será un arma que batallará contra el reino de las tinieblas para que no me robe el gozo. Aunque él quiere traerme problemas, yo sé que lo que produce en mí es perfeccionar la paciencia que Dios ha puesto en mi vida.

Cuando estás pasando por pruebas no te atribules, gózate, porque tú sabes que esa prueba, ese ataque del enemigo redunda en beneficio para ti mismo. El enemigo te está haciendo un favor cuando te ataca, porque te está metiendo en un gimnasio donde desarrollarás tu músculo espiritual para hacerte más fuerte.

Hay gente que no entiende cuando Santiago dice: «Sabiendo que la prueba de vuestra fe produce paciencia». Hay personas que dicen: «Si no quieres pruebas, no pidas paciencia». Vi a alguien que estaba orando y decía: «Señor, dame paciencia, pero ¡dámela ahora mismo!».

En griego, las palabras de este versículo «produce paciencia» significan «perfecciona la paciencia». Lo que el Espíritu Santo trajo como fruto a tu vida, incluía adicionalmente paciencia. En otras palabras, Dios no te da paciencia sino que ya está en ti, solo debe desarrollarse.

La paciencia es una fuerza que te hace esperar, esperar, esperar. No importa si la guerra está más fuerte que nunca, si el problema está más difícil que nunca, la fuerza de la paciencia es esperar sabiendo que viene bendición como lluvia copiosa.

Pablo decía: «Yo me glorío en la tribulación». ¿Será posible que uno se pueda gozar cuando el enemigo está atacando?

«Nos gloriamos en las tribulaciones, sabiendo que la tribulación produce paciencia; y la paciencia, prueba; y la prueba, esperanza; y la esperanza no avergüenza; porque el amor de Dios ha sido derramado en nuestros corazones por el Espíritu Santo que nos fue dado» (Romanos 5:3-5 RV).

Santiago dice: «*Mas tenga la paciencia su obra completa, para que seáis perfectos y cabales, sin que os falte cosa alguna*» (Santiago 1:4 RV).

Cuando tienes la paciencia de Dios, eso te dará experiencia, el resultado de lo que estabas pasando y cómo saliste de ello. Si has tenido una experiencia de victoria habrás visto cómo en medio de ella la paciencia entró en acción produciendo esperanza.

La esperanza que surge de la experiencia es la que dice: «Esta vez casi pasé por la muerte, pero estoy vivo. Para la próxima vez tengo una esperanza, y mi esperanza no avergüenza porque el amor de Dios ha sido derramado en mi corazón». La esperanza es la respuesta de una experiencia que ha probado la paciencia cuando el enemigo los atribuló.

El que lo vivió seguramente dirá: «Él me atacó para atribularme, para robarme el gozo, pero yo sé que me está haciendo un favor». Señala al enemigo y dile: «Satanás, tú me estás haciendo un favor, porque la bendición llega a mi vida cada vez que me atacas».

SEGUNDO ENEMIGO: LAS PERSONAS

Algunos suelen echarle la culpa de la falta de gozo solamente al enemigo, pero en verdad hay muchos cristianos que tienen envidia de que tú tengas gozo. Hay hombres y mujeres que cuando eres bendecido se enojan y te atacan para robarte el gozo. La razón es que tienen celos y envidia de ti. Ellos no resisten que otros prosperen, que Dios haya llamado y exalte a otros, entonces desean robarte el gozo para hacer llover sobre tu celebración.

Los envidiosos deben saber que Dios bendice a todos por igual, que deben gozarse con los que se gozan para que su propia bendición llegue más rápido. Si Dios le ha regalado una casa nueva a alguien, gózate, porque quiere decir que la casa que estás esperando está en camino. Si alguien tiene un automóvil nuevo, gózate, porque el vehículo que estás esperando está por llegar. Si Dios bendice a alguno con dones espirituales, gózate, porque el llamado llegará a tu vida. ¡Gózate con los que se gozan!

Los que te celan y envidian tratarán de encerrarte con palabras dentro de una prisión, de un calabozo. Cuando terminas de hablar con ellos sientes que estás encerrado, atado y sin gozo, pero cuando esto te suceda nuevamente debes saber que el **arma poderosa para derrotar a estos enemigos es** *cantar con gozo al Señor.*

Cuando Pablo y Silas fueron golpeados y llevados a la cárcel, a la medianoche, atrapados por el cepo, ellos cantaban himnos. Tal vez pienses: «Pero pastor, quizás mientras cantaban himnos lloraban». No, ellos entonaban himnos de alegría porque los presos podían escuchar el gozo de estos hombres.

No dejes que nadie te robe el gozo.

No dejes que nadie te robe el gozo. No permitas que los celosos y envidiosos te roben el gozo, porque eso significa que Dios está haciendo algo contigo que no hace con ellos. Tú estás siendo bendecido por encima de aquellos que quizá están esperando que Dios haga algo, pero no saben recibirlo.

Dios te ha puesto en un lugar especial y ha respondido a tu oración y a tu fe. Él te está bendiciendo, pero no permitas que te roben el gozo. Canta al Señor cuando llegue la medianoche, canta en la iglesia, canta en todo lugar.

Vence al enemigo con la alabanza. Cuando la persona que quiere hacerte perder el gozo te encuentre cantando, alabando y glorificando al Señor, dirá: «Me rindo, no puedo quitarle la bendición». Tu cántico debe ser de victoria.

Vence al enemigo con la alabanza.

TERCER ENEMIGO: LAS CIRCUNSTANCIAS

Las circunstancias son situaciones que surgen cuando pasamos por una situación negativa o adversa y no necesariamente del reino de las tinieblas.

Las circunstancias normales de la vida producen situaciones difíciles, y todos tenemos que vivirlas. Pero cuando esas circunstancias vienen a robarte el gozo, si tú lo dejas, lo lograrán. Tal vez te despidieron de tu trabajo y no fue Satanás, es una circunstancia normal. La nación ha entrado en una gran recesión y han despedido gente, tú puedes reprender a Satanás, pero en realidad tienes que velar para que el enemigo de las circunstancias no venga a robarte el gozo.

El arma secreta contra este enemigo es *la concentración en Dios*.

Estar concentrado en Dios y no en las circunstancias. Tienes que poner tus ojos fijos en Dios, no debes fijar la mirada en las circunstancias. Tal vez te enfermaste y estás reprendiendo al diablo. En realidad, la enfermedad es el resultado de haber salido a diez grados bajo cero sin camisa y mojado. La escasez es una circunstancia que no siempre proviene del reino de las tinieblas, sino que es una circunstancia que desea robarte el gozo que el Señor puso en tu corazón.

En el libro de Habacuc está la respuesta a este enemigo:

«*Aunque la higuera no florezca ni en las vides haya fruto; falte el producto del olivo y los labrados no den mantenimiento y las ovejas sean quitadas de la manada y no haya vacas en los corrales, con todo yo me alegrare en Jehová y me gozare en el Dios de mi salvación*» (3:17-18 RV).

No es lo mismo mirar a Dios a través de las circunstancias que mirar las circunstancias a través de Dios. Cuando miras las circunstancias a través de Dios estás haciendo lo que el rey David hizo cuando se enfrentó a Goliat. Él no lo miró de abajo hacia arriba sino de arriba hacia abajo. No me voy a alegrar en mis circunstancias, me alegraré en el Dios grande y poderoso que siempre viene en mi rescate. Me gozaré en él porque es mi liberación.

Habacuc no estaba concentrado en las circunstancias sino en su liberador, porque no hay ninguna circunstancia que sea más grande que mi Salvador. Podrá venir cáncer o SIDA,

> *No es lo mismo mirar a Dios a través de las circunstancias que mirar las circunstancias a través de Dios.*

pero no hay ningún nombre que sea más grande que el nombre de Jesús de Nazaret.

Si el médico dijo que te quedan tres semanas de vida, mi Dios es más grande que esa enfermedad. ¡Levanta tu cabeza! No dejes tu rostro en las circunstancias, no sigas concentrado en lo que te roba las fuerzas. No pierdas el gozo, para ello debes vencer al enemigo de las circunstancias manteniendo tu concentración en Dios. Ten tu mirada en el Señor porque él tiene la respuesta. Porque juntamente con la prueba ya te dio la salida. Este es el Dios que a través de la providencia se anticipa a todo evento, que antes de la fundación del mundo vio tu vida y sabía que pasarías por esa circunstancia y ya te envío la salida. Ya hizo provisión para tu necesidad. Tal vez tú no la puedes ver, pero concéntrate en tu Salvador porque en él encontrarás la salida.

CUARTO ENEMIGO: LA PREOCUPACIÓN Y LA ANSIEDAD

La palabra preocupación significa «ocuparse de antemano», ocuparte antes de que suceda lo que estás pensando que puede ocurrir. Hay una diferencia entre preocuparse y ocuparse. Encontramos personas que creen que no deben estar preocupadas, pero tampoco están ocupadas. Ningún versículo de la Biblia te señala que no te ocupes, lo que sí dice es que no debes estar preocupado. ¿Sabes cuál

> *Concéntrate en tu Salvador porque en él encontrarás la salida.*

es la razón por la cual no debes estar preocupado? Porque tu Dios es un Dios que responde a la oración. Si se lo permites, la preocupación te robará el gozo, porque empiezas a preocuparte en los sucesos previos antes de que tal vez ocurra lo que temes. Comienza por ocuparte de lo que no ha sucedido todavía. Si estás entrando en pánico por lo que aún no has atravesado, estás pensando en el mañana.

¿Cuántas veces nos hemos sentido tan preocupados que la ansiedad nos quitó el apetito y el sueño? ¿Has conocido personas que viven preocupadas y dicen: «¡Me voy a morir!»? Y cuando le preguntas qué les ocurre, ellas te responden:

—Me duele un pie.

—Pero ¿fuiste al doctor?

—No, todavía no, pero yo sé que es cáncer y que me voy a morir.

—No es así, es que te lastimaste con un clavo y no lo habías visto.

El Señor te dice que no te preocupes por el día de mañana, porque el día de mañana viene con su propio afán. Acaso ¿podrás tú preocuparte por añadirle a tu estatura un codo? ¿Podrás resolver el problema con preocuparte? ¿Alguna vez has resuelto un problema con solo preocuparte? No creo que hayas podido. No puedes ocuparte de algo de antemano, tienes que esperar que suceda, y entonces lo resuelves.

Quizá a ti te ocurre lo que me sucedía a mí. Por momentos me preocupaba por algo, no dormía, no comía, no podía concentrarme y al final, cuando llegaba el momento, no era nada de lo que yo había pensado.

Un policía detuvo a un hombre que conducía su automóvil. El hombre salió del vehículo y dijo: «Sí, yo fui el que asalté el banco hace un mes atrás». El policía le dijo: «Yo solamente vine a decirle que usted tiene la luz trasera quemada, pero ya que lo dijo, déjeme arrestarlo». No debes preocuparte, porque la preocupación es el cáncer que devora el gozo y la fuerza que Dios te ha dado.

Dice la Biblia: «*Por nada estéis afanoso, sino sean conocidas vuestras peticiones delante de Dios con toda oración y ruego, con acción de gracias*» (Filipenses 4:6 RV). La oración derrota

> La preocupación es el cáncer que devora el gozo y la fuerza que Dios te ha dado.

la preocupación, pero no es cualquier clase de oración, es esa oración de fe que tú sabes que cuando te arrodillas Dios te está escuchando. Aunque tu no tienes una línea directa para hablar con el presidente, tienes una línea directa al cielo para hablar con el Dios que creó los cielos y la tierra.

ORACIÓN: ARMA PODEROSA

Cada vez que me arrodillo, él dice: «*Clama a mí y yo te responderé*». Tan pronto como tu clames, yo responderé. La oración de fe es la que derrota la preocupación y mantiene tu gozo activo.

«*Hasta ahora nada habéis pedido en mi nombre; pedid, y recibiréis, para que vuestro gozo sea cumplido*» (Juan 16:24 RV). Él te dice que pidas, que él ya te prometió que eso que pides será hecho. Cuando recibimos, dice la Palabra que nuestro gozo puede salir como una fuente de nosotros.

El Señor le dijo a Tomás: «¿No te he dicho que si crees veras la gloria de Dios?». Cuando oro a Dios tengo que saber que él ya oyó mi petición, y por lo tanto, tengo que salir del cuarto de oración SIN PREOCUPACIÓN, porque sé que eso está resuelto en las manos de mi Dios.

Cuando Dios oye tú oración escucha para responder, no para analizar. Cuando él no quiere responder, no escucha la oración. Al pueblo de Israel le decía: «Yo he cerrado mis oídos a este pueblo para no escucharlo». Ellos estaban orando pero Dios no los escuchaba, por lo tanto no respondía. Pero si este Dios dice: yo voy a escuchar, es porque va a responder.

¿Cómo sabes que él respondió? ¿Debes sentir un frío que te recorre? ¿Será que debes ver una visión? No tienes nada que percibir con tus sentidos naturales. No tiene nada que ver con lo que oyes, ves o sientes. Tiene que ver con todo lo que tú sabes. Tú sabes que Dios es fiel, y que cuando promete algo, lo cumple. Él no es hombre para que mienta o hijo de hombre para que se arrepienta. Si él dijo lo que haría, lo hará.

Si te encuentras en fuertes pruebas y la preocupación ha intentado robarte el gozo que es tu fuerza, tienes que utilizar tu arma más poderosa: la oración. «Clama a mí y yo te responderé». No te preocupes por el día de mañana. Lo que pidas hoy, Dios lo hará en el cielo, y tu respuesta llegará hoy. ¿Por qué Dios lo contestará hoy y no mañana? Porque este es el Dios que vive en un eterno presente. Él es el Alfa y la Omega, el Principio y el Fin. Este es el Dios para el que mil años son como un día, y un día como mil años. Nosotros nos regimos por días, segundos, horas y meses, porque tenemos un comienzo y un final.

Cuando llegamos a esta tierra tuvimos un comienzo, y todos los años celebramos uno nuevo. El tiempo nos rige. Pero este Dios no tiene un comienzo ni un final, él vive en un eterno presente. Por lo tanto, él no dice que cuando tú le pidas él te va a contestar el mes que viene. Si te va a responder, él no está regido por el tiempo. Él es el Señor del tiempo, él es Rey del tiempo. Si el tiempo pudiera gobernarlo a él entonces no sería Dios, pero él es Dios y tiene el control del tiempo, y cuando te dice que te va a contestar, tan pronto tú le pides, él responde. Lo que pediste, ya está hecho en el cielo.

No te preocupes más sino ocúpate de orar, de pedir, para que tu gozo sea cumplido. Tu gozo no será cumplido por las circunstancias exteriores sino porque sabes que cuando oras a él, Dios te ha dado un nombre que es sobre todo nombre y no tienes temor de llegar a su presencia y allí pedir lo que necesitas. Entra confiadamente al trono de la gracia para alcanzar oportuno socorro. Él te dice: «Entra, no seas tímido. Esta es tu casa, pide lo que quieras, aquí está tu padre que te espera y tiene la respuesta, antes de la creación de todas las cosas».

No te preocupes por el día de mañana, ocúpate en el día de hoy de doblar tus rodillas y vencer la preocupación a través de tu clamor.

Capítulo 8

Un caudal de vida y bendición

«El ladrón no viene más que a robar, matar y destruir; yo he venido para que tengan vida, y la tengan en abundancia» (Juan 10:10).

Uno de los dilemas más importantes que sufre el ser humano es poder separar las tragedias, la escasez y el dolor, de Dios. Muchas personas dicen que aun los tornados y las tormentas, que producen muerte y dolor, son actos divinos. Este tipo de pensamiento nos ubica en medio de una situación ambivalente: no sabemos si es Dios el que nos está enviando tal o cual situación.

Muchas personas, aunque anhelan prosperar, creen en su corazón que Dios no quiere que prosperen, pero para acceder a un nivel superior y romper con todas las limitaciones que nos atan es necesario entender y recibir el espíritu de abundancia.

El verdadero enemigo

Al primero que menciona Jesús en el texto es al ladrón, refiriéndose a Satanás, porque él es padre de la mentira y tiene tres misiones específicas: matar, hurtar y destruir. El Señor describió las actividades del enemigo para poner en evidencia y con letras rojas quién es Satanás y quién es Dios, ya que era muy importante diferenciar muy bien cuál es la misión y el deseo de nuestro Señor y cuál es la misión del reino de las tinieblas.

Siempre que hay muerte se trata del enemigo y no de Dios. Siempre que hay robo es producto del reino de las tinieblas. Siempre que hay destrucción es fruto del trabajo del enemigo. Al robarle a Adán la bendición de Dios, Satanás produjo muerte y destrucción a la raza humana.

Tienes que estar convencido de que existe un enemigo que no se cansa de trabajar para llevar a cabo su misión: robar, matar y destruir. Pero así como hay un reino de las tinieblas y un enemigo llamado Satanás, también está Jesús, que vino para que tengamos vida en abundancia.

A muchas personas les resulta difícil entender esto porque tienen que romper con los límites religiosos, con viejos pensamientos y tradiciones humanas que dicen que Dios es el que produce la enfermedad, el dolor y la muerte. Por ello quiero dejar bien en claro que mi Dios es un Dios bueno.

Mi Dios es un Dios bueno.

La experiencia de Job

> *«Llegó el día en que los ángeles debían hacer acto de presencia ante el SEÑOR, y con ellos se presentó también Satanás»* (Job 1:6-12).

Según el relato de Job, Dios hizo una reunión y sus ángeles debían estar allí, y también asistió Satanás. Por lo tanto, no debe sorprenderte si Satanás asoma su cara también en la iglesia, porque él llega sin que lo inviten.

> «*Y el* SEÑOR *le preguntó: ¿De dónde vienes? Vengo de rondar la tierra, y de recorrerla de un extremo a otro, le respondió Satanás. ¿Te has puesto a pensar en mi siervo Job?, volvió a preguntarle el* SEÑOR. *No hay en la tierra nadie como él; es un hombre recto e intachable, que me honra y vive apartado del mal. Satanás replicó: ¿Y acaso Job te honra sin recibir nada a cambio? ¿Acaso no están bajo tu protección él y su familia y todas sus posesiones? De tal modo has bendecido la obra de sus manos que sus rebaños y ganados llenan toda la tierra. Pero extiende la mano y quítale todo lo que posee, ¡a ver si no te maldice en tu propia cara! Muy bien, le contestó el* SEÑOR. *Todas sus posesiones están en tus manos, con la condición de que a él no le pongas la mano encima. Dicho esto, Satanás se retiró de la presencia del* SEÑOR» (Job 1:7-12).

La historia continúa relatando que todas las pertenencias de Job fueron robadas y sus hijos muertos. Más adelante, Satanás aparece otra vez en medio de los ángeles de Dios, y ninguno de ellos se dio cuenta, porque él se disfrazaba de ángel de luz.

Entonces se da el siguiente diálogo en Job 2:3-7:

> «*¿Te has puesto a pensar en mi siervo Job?, volvió a preguntarle el* SEÑOR. *No hay en la tierra nadie como él; es un hombre recto e intachable, que me honra y vive apartado del mal. Y aunque tú me incitaste contra él para arruinarlo sin motivo,*

¡todavía mantiene firme su integridad! ¡Una cosa por la otra! replicó Satanás. Con tal de salvar la vida, el hombre da todo lo que tiene. Pero extiende la mano y hiérelo, ¡a ver si no te maldice en tu propia cara! Muy bien dijo el SEÑOR a Satanás, Job está en tus manos. Eso sí, respeta su vida. Dicho esto, Satanás se retiró de la presencia del SEÑOR para afligir a Job con dolorosas llagas desde la planta del pie hasta la coronilla. Y Job, sentado en medio de las cenizas, tomó un pedazo de teja para rascarse constantemente».

El enemigo no tiene escrúpulos. Satanás mató a todos los hijos a Job y le robó todo lo que tenía. Además, después de enfermarlo, la esposa le dijo: «¿Todavía mantienes firme tu integridad? ¡Maldice a Dios y muérete!». Satanás mató a todos los hijos pero dejó viva a su mujer. El enemigo sabe que cuenta con hombres y mujeres, y en esa oportunidad él pensó que si mataba a la mujer le hacía un favor a Job.

No fue Dios el que hurtó y destruyó en la vida de Job sino Satanás. El enemigo jamás hubiese podido tocarlo si Dios no le hubiera quitado el cerco protector. Pero hay algo que debemos aprender: Satanás entraba libremente en el reino de Dios. Pero, ¿quién le dio a Satanás la autoridad para entrar cuando quisiera a la presencia de Dios? Fue Adán, porque al principio él tenía una relación íntima con Dios. Él se paseaba por el Huerto, y Adán podía entrar a la presencia de Dios cuando quisiera. Más cuando pecó, le entregó esa autoridad a Satanás. Como Dios es justo, no podía decirle a Satanás: «¡Esto se acabó!». Desde ese momento Satanás tenía legalmente la autoridad que Dios le había entregado a Adán, y se convirtió en el dios de este siglo, porque Dios le había conferido la autoridad sobre todas las cosas al hombre.

Un nuevo contrato

Cuando Adán pecó Dios ya tenía un plan preparado para redimir la raza humana y revertir lo que el primer hombre había hecho. Tan pronto como pudo Dios hizo un pacto con el hombre, y este hombre fue Abraham. Firmó un contrato con él, y como tal es algo legal y justo. Le dijo: «Tú y yo somos compañeros en este contrato. Todo lo que yo haga por ti, tú tienes que hacerlo por mí; y todo lo que tú hagas por mí, yo lo haré por ti». De esta manera nadie podría acusarlo de injusto, porque estaban haciendo un acuerdo.

Dios le dio a Abraham un hijo, que después se lo pidió en sacrificio. Abraham obedeció, y lo presentó en el altar, pero cuando levantó su mano para sacrificarlo, el Señor lo detuvo. Abraham ya había decidido en su corazón entregar a su hijo amado, por tanto lo consideró hecho en el mundo espiritual.

De esta manera el hombre volvió a pactar con Dios, y Abraham nuevamente abrió la brecha para que Dios pusiera en orden lo que Adán había desacomodado.

Cuando Abraham hizo el sacrificio espiritualmente de su hijo, obligó a Dios a entregar a su único hijo. Entonces Satanás no podía decirle que eso no era legal. Era el pacto establecido con Abraham: todo lo que Abraham hiciera por Dios, Dios debía hacerlo por él. Abraham entregó a su hijo y Dios debía entregar también al suyo.

Al leer detenidamente el libro de Job descubrimos que él pedía un árbitro, un intercesor, un abogado entre Dios y él. ¿A quién estaba pidiendo? A Jesús. Porque no había un intercesor o un abogado espiritual como tenemos hoy. Dios le devuelve toda las cosas a Job, y después de recibirlas él dijo: «De oídas te había oído mas ahora mis ojos te ven». En otras palabras, Job intentaba explicar: «Yo no te conocía porque pensaba que Tú habías hecho todo ese mal. Pero ahora te conozco y sé que eres un Dios bueno y misericordioso.

Eres un Dios que se duele con el dolor ajeno». Dios le devolvió todas las bendiciones del principio, las mismas que le
había dado al comienzo. El mismo que lo había tenía cercado le devolvió el doble, aun el triple de lo que tenía antes.

Satanás cayó como un rayo

Cuando Jesús comenzó su ministerio dijo:

> «*Cuando los setenta y dos regresaron, dijeron conten-
> tos: Señor, hasta los demonios se nos someten en tu
> nombre. Yo veía a Satanás caer desde el cielo como un
> rayo —respondió él*» (Lucas 10:17-18).

Él estaba hablando proféticamente de lo que sucedería.
Se refería al momento en el que derramaría su sangre como
Sumo Sacerdote y subiría al lugar santísimo que había sido
manchado por el pecado. Con su propia sangre santificaría los
instrumentos reales, porque el Tabernáculo de Moisés era la
sombra del verdadero tabernáculo que estaba en los cielos.
Ese Tabernáculo tuvo que ser santificado porque era el lugar
santo de Dios, donde entró Adán y con posterioridad Satanás.
Pero cuando Jesús muere en la cruz del Calvario ascien-
de a los cielos, y con su sangre rocía los instrumentos y los
santifica. A partir de ese momento Satanás no puede entrar
más a ese lugar. Por eso decía que vio caer a Satanás del cielo
como un rayo.
Jesús subió a los cielos y con su sangre santificó todo. Se
sentó como Sumo Sacerdote y abogado a la diestra del Dios
Padre, y se le dio un nombre que es sobre todo nombre ante
el cual se doblará toda rodilla en el cielo, en la tierra y debajo de la tierra. Y para que toda lengua confiese que Jesucristo
es el Señor.
Jesús ascendió a los cielos para echar al enemigo.
Cuando Satanás intentó regresar, Jesús lo expulsó y cayó

como un rayo desde el cielo. El libro de Apocalipsis dice que ha sido lanzado fuera el acusador de nuestros hermanos, quien los acusaba de día y de noche.

Según dice la Palabra de Dios, hemos vencido a Satanás por medio de la sangre del Cordero y la palabra del testimonio.

> *«Toda buena dádiva y todo don perfecto descienden de lo alto, donde está el padre que creó las lumbreras celestes, y que no cambia como los astros ni se mueve como las sombras»* (Santiago 1:17).

Dios, aquel que produce la vida, nos da en abundancia. Él es Dios de prosperidad y de bendición.

> *«Porque yo sé muy bien los planes que tengo para ustedes —afirma el Señor—, planes de bienestar y no de calamidad, a fin de darles un futuro y una esperanza»* (Jeremías 29:11).

Dios ya pensó todo lo que tú esperas y deseas. Él dice, mis pensamientos son de paz y no de mal. La palabra «paz» en el hebreo es «shalom». Pero si buscas la traducción del hebreo, «shalom» significa «bienestar, prosperidad, abundancia, dicha, victoria y saciedad».

Pero si estás en la línea de espera correcta, serás prosperado y bendecido en abundancia.

Dios está diciendo que sus pensamientos no son pensamientos malos para ti, porque pensó en ti antes que nacieras, son pensamientos de shalom, pensamientos de abundancia, prosperidad, victoria y abundancia para que estés completo.

Tal vez pienses que la economía está en bancarrota, o que padeces de alguna enfermedad mortal. Pero si estás en la línea de espera correcta, serás prosperado y bendecido en abundancia.

El ZOE de Dios

Aunque el enemigo vino a matar, hurtar, y destruir, Jesús vino para darnos vida. Él no trajo muerte, enfermedad ni dolor. Cuando le dijeron que Lázaro había muerto hacía cuatro días, él dijo: «No importa, yo voy a despertarlo». Y lo llamó diciendo: «Lázaro, ven fuera». Lo llamó por su nombre, porque si decía solamente «ven fuera» hubiesen salido todos los muertos. Lázaro salió vivo de la tumba.

Jesús le dio vida al hijo de la viuda de Naín cuando estaba muerto. Su madre lloraba desconsoladamente porque su único hijo había muerto. Pero Jesús se le apareció en el camino y tocó su féretro diciéndole: «Mancebo, a ti te digo levántate». Y el muerto se levantó hablando.

Este Jesús demostró que no vino a enfermar, que no vino a provocar una tragedia sino a sanar. Aun silenció las tormentas dominando las inclemencias del tiempo. Él vino a traer vida y vida en abundancia.

Zoe es la vida eterna de Dios.

El término «Zoe» significa «vida». Jesús dijo: «Voy a despertar a Lázaro, pues está durmiendo y se va a poner bien». Esto es llamar las cosas que no son como si fuesen. Zoe es la vida eterna de Dios. Aunque muchos relacionan la vida eterna con la eternidad, sin embargo, la vida eterna de Dios, el Zoe de Dios, es mucho más que la prolongación de los días. Hubo gente que vivió ochenta años, pero en realidad no ha vivido.

Alguien dijo alguna vez que no está muerto aquel que

descansa en la tumba fría, sino quien tiene muerta el alma y sigue viviendo. Se puede vivir cien años y no estar vivos, porque la vida y la existencia son dos cosas distintas. La vida eterna de Dios es la bendición de Dios sobre todos tus días, la abundancia de Dios en todos tus días, la paz de Dios y la gracia de Dios operando en tu vida.

Cuando Jesús hablaba de vida no se refería solamente a la prolongación de días o de la existencia sobre la tierra, sino a la calidad de vida, a una manera diferente de vivir, a la manera de existir conforme a como Dios vive. Si tienes duda de esto piensa en lo siguiente: ¿Hay enfermedad, llanto y dolor en el cielo? ¿Hay pobreza allí? Si la respuesta es negativa, entonces pregúntate por qué. Es que el ambiente que se respira en el cielo es el Zoe de Dios. Jesús dijo: «Yo he venido para que tengan Zoe, para que tengan la calidad de vida de Dios». No es simplemente la prolongación de los días, sino la abundancia.

Lo abundante es algo excesivo, copioso, que se da de sobra, que se entrega por montones, algo que se desborda, que no tiene límite. Entonces Jesús dijo: «Yo quiero darles la calidad de vida de Dios para que vivan en el Zoe de Dios, pero que lo vivan en abundancia».

El Zoe de Dios no es para probar por un momento, es para tenerlo en abundancia. La vida eterna de Dios será lo que respires por la mañana, al mediodía y por la tarde. El Zoe de Dios te guiará todos los días. Cuando nuestro Dios nos da algo, lo hace abundantemente. Él dice: «Yo no vine a matar, a hurtar ni a destruir, vine para que tengan Zoe». La calidad de vida de Dios es paz, gozo, bendiciones, prosperidad y abundancia. Porque donde está la bendición de Dios está la prosperidad. No me refiero solamente al dinero, aunque también este es parte de la abundancia.

El Señor te dice: «Te daré vida abundante sin limitaciones, superabundantemente, copiosamente. Te daré tanta vida que quedarás rebosando como un vaso desbordante».

Dios te dará su vida, su Zoe, pero abundantemente, sin limitaciones. Él no quiere que estés enfermo ni pobre, no quiere que estés en maldición, él quiere que tengas vida y que la tengas en abundancia.

> *«Y a Aquel que es poderoso para hacer todas las cosas mucho más abundantemente de lo que pedimos o entendemos, según el poder que actúa en nosotros»* (Efesios 3:20 RV).

Como seres humanos estamos limitados, pero en Dios podemos lograr todas las cosas porque él no tiene límites. Si has nacido de nuevo y recibido salvación, tengo buenas noticias para ti: El Señor te trasladó de la maldición a la bendición. Por eso dice la Palabra que ahora hemos vencido. Somos bendecidos porque hemos recibido la vida de Dios, y el poder del Espíritu Santo que actúa en nosotros hace todas las cosas mucho más abundantemente, esto quiere decir que es mucho más que abundante.

Al utilizar esta palabra se da a entender que el adjetivo simple no alcanzaba para expresar el poder que el Espíritu Santo produce en la abundancia. Por esa razón el apóstol Pablo tuvo que emplear las palabras «más abundantemente». Cuando piensas que él puede sanarte de cáncer, no solo puede hacer eso sino también restaurarte, bendecirte, prosperarte y darte más abundantemente.

El caudaloso río de Dios

El Espíritu Santo que está en nosotros es aquel que conocemos como el río de Dios, el cual siempre ha sido un tipo de bendición y abundancia.

> *«Sacaréis con gozo aguas de las fuentes de la salvación»* (Isaías 12:3 RV).

El profeta Ezequías vio algo similar cuando tuvo aquella visión del templo desde el que salía un río caudaloso que producía vida abundante:

«*Luego el ángel me mostró un río de agua de vida, claro como el cristal, que salía del trono de Dios y del Cordero*» (Apocalipsis 22:1).

Jesús no ofrecería algo que no tenía. Él dijo: «Les daré vida, pero en abundancia». Ofrecía algo que él podía producir, ya que ese río sale del trono del Cordero.

Cuando el pueblo de Israel estaba sediento, Dios le dijo a Moisés que golpeara la roca para que saliera agua, pero la segunda vez le dijo que le hablara a la roca, y él la golpeó. La roca era un ejemplo de lo que iba a suceder con la verdadera roca, la roca eterna de los siglos, Cristo Jesús. Él sería golpeado con una vara en la cruz del Calvario, y entonces caerían los torrentes de agua. Pero cuando Moisés se enojó, golpeó por segunda vez la roca en lugar de hablarle. Por esa desobediencia Dios no le permitió a Moisés entrar a la tierra prometida. Él estaba enviando otro mensaje, similar a decir que Jesús sería crucificado por segunda vez. Y eso no es verdad.

Dios le dijo a Moisés: «No tienes que golpear más la roca. Háblale, y cuando lo hagas, de ella saldrá un torrente de agua». En esa oportunidad el pueblo estaba constituido por más de tres millones de personas. De la roca salió un torrente caudaloso de agua para abastecer a esa multitud, y los siguió por todo el desierto. Esa misma roca es la misma que el Cordero, del cual salía el río del cielo, del mismo trono del Cordero, un río caudaloso y cristalino que produce vida y abundante bendición.

Pero existe algo fundamental para nuestra fe:

«*En el último día, el más solemne de la fiesta, Jesús se puso de pie y exclamó: ¡Si alguno tiene sed, que venga a mí y beba!*» (Juan 7:37).

La bendición no viene del esfuerzo humano sino de la roca. Aquel que nunca perdió una lucha, el que venció a Satanás, él es la verdadera roca.

Y continúa diciendo:

«De aquel que cree en mí, como dice la Escritura, brotarán ríos de agua viva» (v. 38).

En el último y gran día de la fiesta de los Tabernáculos, cuando todos se iban para su casa, Jesús les dijo: «Ustedes no tienen que irse con las manos vacías, pueden llevarse la fuente dentro de ustedes mismos». Del mismo modo cuenta esta palabra para ti. Yo no puedo darte de la fuente, porque si crees puedes tener ahora mismo la fuente en tu casa.

El Señor les decía que si creían en él, les daría abundancia, ríos de agua viva que saldrían desde su interior. Tantas cosas has tratado de hacer por fuera de tu vida para hallar la bendición, y no te has dado cuenta que la bendición es caminar con Jesús. Todavía no te diste cuenta que la bendición va contigo al trabajo, a la escuela y a todo lugar donde vayas. Tú tienes tu roca y yo la mía, pero no hay que golpearla, con solo hablarle es suficiente para que el agua fluya.

El Salmo 84:5-7 dice:

«Dichoso el que tiene en ti su fortaleza, que sólo piensa en recorrer tus sendas. Cuando pasa por el valle de las lágrimas lo convierte en región de manantiales; también las lluvias tempranas cubren de bendiciones el valle. Según avanzan los peregrinos, cobran más fuerzas, y en Sión se presentan ante el Dios de dioses».

El salmista se refiere proféticamente a los siervos de Dios que confían en él. Esto significa que aunque pasen por el valle de lágrimas conservarán algo especial, porque al pasar por el desierto donde hay lágrimas, ellos tienen una fuente, la roca está con ellos. Entonces pueden cambiar el valle de lágrimas en una fuente copiosa de la que fluye vida eterna. La fuente está dentro de ti, la fuente camina contigo, porque el río está dentro de ti.

El Señor dice: «Yo te daré vida y vida en abundancia. Lo que saldrá de esta roca es un río caudaloso, abundante, que no solamente te bendecirá sino que bendecirá a todos los que están a tu alrededor». Por eso nosotros no somos de maldición sino de bendición, porque ese río está dentro de nosotros. Todo lo que toques será bendecido, todo lo que pises será bendecido, porque el río de agua viva está saltando dentro de ti.

Brotará agua de la roca

Quizás estás atravesando situaciones difíciles, pero tal vez no le has hablado a la roca. Tú sabes que de la roca fluirá agua viva cuando le digas al Señor que haga correr su río en esa situación particular de tu vida. Lo siguiente que declararás es que el río de Dios está en tu casa, que la abundancia de Dios está en tu vida. Serás bendecido, porque el río de agua viva fluirá en tu vida. La abundancia, la prosperidad y la bendición fluirán en ti.

Si estás atravesando por el valle de lágrimas no te quedes con las manos cruzadas, porque Jesús vino para que tengas vida y la tenga en abundancia. El Espíritu Santo, que hace fluir con fuerza ese río, está en ti. En el valle de lágrimas puedes llorar, pero los cristianos no somos de aquellos que se estancan en el valle de lágrimas. Puede ser que lloremos, pero aun así nos levantamos con el río de agua viva que fluye dentro de nosotros. Es verdad que Satanás nos hizo llorar en el pasado, pero ahora hemos cambiado el valle de lágrimas por un río caudaloso de prosperidad. Si a ti no te gusta el valle de lágrimas, cámbialo por una fuente abundante de vida eterna.

Dios tenía a Job bendecido y cercado, nada lo podía tocar. Sus finanzas y todas las cosas que Dios le había dado, nadie las tocaba. El enemigo tuvo que ir a llorar al reino de los cielos porque no podía tocarlo. Lo que rodeaba su vida era el río de Dios, una barrera que el enemigo no podía pasar. La Palabra dice que «somos guardados por el poder de Dios, mediante la fe». Desata los temores, los miedos y dile al agua que está dentro de ti que fluya e inunde tu vida. Párate en tu casa, rodéala y deja que el río fluya.

Libera el río que está en ti. La única manera de hacerlo es por la fe, creyendo y pidiéndole que de la roca brote agua. Dile a la roca que está en ti: «Señor, te pido que desates tu brillo en mi circunstancia». No te quedes igual que ayer, busca ser bendecido. Busca la vida abundante, toma la bendición.

> *No es tiempo de llorar sino de cambiar el valle de lágrimas por un río, por una fuente de abundancia.*

El río que está fluyendo en ti, es agua viva. El salmista David decía: «Mi copa está rebosando» porque el río salía de él abundantemente. Esa agua que está en ti es la que sana las naciones. Es un río que lleva sanidad y bendición, para traer fruto en abundancia.

No es tiempo de llorar sino de cambiar el valle de lágrimas por un río, por una fuente de abundancia. Si el río de Dios se ha detenido en tu vida y deseas que ese río fluya, di conmigo esta oración:

«Me rehuso a seguir en este valle, yo tengo un río en mí que dejaré fluir. No le pondré impedimentos ni limitaciones. Permitiré que ese río fluya a través de mi vida. Permitiré que el río de la abundancia, el Zoe de Dios, cubra mi casa, mi hogar, mis finanzas, mi matrimonio. Todas mis cosas están rodeadas por ese río que se desata en bendición. Desde ahora en adelante seré de bendición dondequiera que vaya. Todo lo que toque estará bendecido, todo lo que pise estará bendecido. Donde quiera que vaya ese río irá conmigo».

Capítulo 9

ACCESO A UN MAYOR NIVEL DE INTIMIDAD

«Por esta razón me arrodillo delante del Padre, de quien recibe nombre toda familia en el cielo y en la tierra. Le pido que, por medio del Espíritu y con el poder que procede de sus gloriosas riquezas, los fortalezca a ustedes en lo íntimo de su ser, para que por fe Cristo habite en sus corazones. Y pido que, arraigados y cimentados en amor, puedan comprender, junto con todos los santos, cuán ancho y largo, alto y profundo es el amor de Cristo; en fin, que conozcan ese amor que sobrepasa nuestro conocimiento, para que sean llenos de la plenitud de Dios» (Efesios 3:14-19).

La palabra plenitud en griego es «pleroma» y significa «aquello que ha sido llenado». Plenitud es algo lleno, colmado, saturado, que está rebosando. Pablo anhela que Dios ponga en tu corazón su plenitud. Esto significa que cuando la plenitud de Dios está en tu vida no hay lugar para nada más. La persona está rebozando de la presencia, del poder, de la vida y la riqueza de Dios.

La vida de Dios es más que prolongación de días. Así como hemos enseñado en el capítulo anterior, el «Zoe» de Dios es calidad de vida de Dios. Pablo sabía que donde está Dios hay bendición, donde él llega hay abundancia, sanidad, prosperidad. Donde está Dios hay gozo, no hay ansiedad ni enfermedad emocional.

Dios desea llenar tu vida con su plenitud para que estés rebozando de su presencia. Preocúpate que no haya nada en tu vida que impida que esa abundancia, y que la riqueza se manifieste en ti. El salmista lo dijo de otra manera: «Mi copa está rebozando».

Si estamos llenos de la presencia y plenitud de Dios, nuestra copa está rebozando, por consiguiente, también todo nuestro alrededor está bendecido. Es como un pedacito del cielo y de la misma presencia gloriosa de Dios sobre la tierra, en el templo de tu cuerpo, yendo donde quieras que tú vayas.

Requisitos para alcanzar la plenitud

Ser lleno de la plenitud de Dios es el resultado de algo. Pablo dijo que el fin de su oración es que sean llenos de la plenitud de Dios, pero él explica cómo ora y con qué propósito para que el resultado sea que se llenen de la plenitud de Dios. La condición que dará a luz el resultado de ser lleno de la plenitud está en el versículo 19 que dice: *"que conozcan ese amor que sobrepasa nuestro conocimiento"*.

Pablo oraba específicamente por ti y por mí, por la Iglesia, para que nos llenemos del conocimiento del amor de Cristo. Puedes conocer de teología, de ciencia, de gramática, y ser un experto en tu materia, pero Pablo dice no hay ningún otro conocimiento más alto que el conocimiento del amor de Dios.

El v.17 dice: «*Para que por fe Cristo habite en sus corazones. Y pido que, arraigados y cimentados en amor*». Algunos piensan que este versículo se refiere al amor que debes tener hacia tu prójimo, pero Pablo se estaba refiriendo a algo más profundo, a una relación de intimidad con Dios. Cuando entras en esa relación empiezas a conocer el amor de Cristo. No puedes conocer su amor estudiándolo en un libro, con tu intelecto, sino entrando en una relación de intimidad con él.

No puedes conocer su amor estudiándolo en un libro, con tu intelecto, sino entrando en una relación de intimidad con él.

Este amor es más alto de lo que nosotros hemos pensado. Todos hemos deseado la prosperidad, la bendición, la sanidad, pero hay pocos que han podido caminar la milla extra para tener una relación personal de intimidad con Dios. Cuando tienes esa relación de intimidad con Jesucristo el resultado es que serás lleno de su plenitud. Cuando te entregas a alguien y esa persona se entrega a ti, eso es intimidad. Si te entregas por completo al Señor lo conocerás en su plenitud, él se entregará por completo a ti porque lo amas.

Arraigado y Cimentado

El vínculo de unidad e intimidad con Dios debe estar «arraigado y cimentado en amor». «Arraigar» significa fortalecerse con raíces, radicarse, establecerse, afincarse. Hay muchos jóvenes de esta generación que no conocen la palabra «amor». Ellos piensan que tener sexo es amor, pero no saben que el sexo sin intimidad no tiene satisfacción.

Cuando tienes una relación seria estás arraigado en una relación y puedes experimentar lo que es el amor. Estar arraigado significa tener un voto de fidelidad, de permanencia, que no tendrás otros amores. Nadie interrumpirá ese amor.

> *Estar arraigado significa tener un voto de fidelidad, de permanencia, que no tendrás otros amores.*

«Cimentar» significa poner un fundamento, afirmarse, asentarse. Esa relación de intimidad con Dios es el fundamento para tu existir.

Si no practicas estas dos palabras no tienes idea de lo que es amar a Dios. Lo que tienes es una religión en tu corazón, pero no una relación en tu corazón. Concurrir a una iglesia no significa que tienes intimidad con Dios. Dar tus diezmos y ofrendas no significa que tienes una relación de intimidad con él. Esto no significa que estás arraigado y cimentado en el amor de Dios.

Cuando amas de verdad y te entregas a ese amor, lo que haces por esa persona no es una carga ni una dificultad, lo haces porque simplemente te nace y eres impulsado por amor a hacerlo. Esta es la diferencia entre los que están llenos de la plenitud de Dios y los que necesitan esa plenitud.

Para alcanzar esa clase de intimidad es necesario estar arraigado y cimentado en su amor, es echar raíces en el amor de Jesucristo. Todo el mundo puede abandonarte, y sin embargo, tú seguir adelante, porque has echado raíces en la presencia y en la figura del Señor Jesús de Nazareth.

Es descubrir que tu amor en la vida no son las cosas ni las personas sino Dios, por sobre todas las cosas. Nada te puede desanimar porque estás arraigado y cimentado en la presencia del Señor. No lo amas por lo que él ha hecho por ti sino porque has descubierto la profundidad, la anchura, la altura de este amor.

Cuando tienes una relación de intimidad con Jesús, lo amas tanto que no puedes pasar ni un segundo sin hablar con él.

No es una carga o una obligación sino que es un deleite estar en la presencia de Dios.

Si eres la clase de persona que mide el tiempo durante la reunión en la iglesia y si se extienden te quejas de que fue muy larga la prédica, no has pasado aún por la experiencia del amor de Cristo.

Cuando tienes una relación de intimidad con Jesús, lo amas tanto que no puedes pasar ni un segundo sin hablar con él.

Cuando tienes esa intimidad estás deseoso de que abran la puerta del templo para entrar y gozar de su presencia.

El resultado de mi relación íntima con el Señor Jesucristo será que camine pleno, rebozando con la presencia de Dios, con la vida de Dios, el poder de Dios y las riquezas de Dios.

No puedes entrar a esta relación a cambio de recibir algo, porque si amas a Dios por lo que pueda darte, el día que no recibas lo que esperas se acabará tu amor. El día que no se llenen tus expectativas cuando él no te dé lo que tenías por objetivo en la vida, se acabó tu amor.

El que ama sin esperar nada a cambio recibe la plenitud de Dios y camina en bendición y abundancia.

«Más bien, busquen primeramente el reino de Dios y su justicia, y todas estas cosas les serán añadidas» (Mateo 6:33).

No tengo que buscar las añadiduras sino una relación íntima con él, y después él me llenará de su presencia de tal manera que, aun sin desearlo, la bendición de Dios me seguirá. Jesús sabe amar de verdad y sabe dar buenos regalos a quien ama.

Para ingresar a una dimensión más alta y profunda con el

Jesús sabe amar de verdad y sabe dar buenos regalos a quien ama.

Señor es necesario hacer una decisión de calidad: estar arraigado y cimentado en su amor, que él sea la pasión de tu vida. No hay otro amor que pueda meterse y afectar el amor que tú le tienes.

Decisiones de calidad

«La gracia sea con todos los que aman a nuestro Señor Jesucristo con amor imperecedero» (Efesios 6:24).

La palabra «gracia» significa el favor de Dios, la vida de Dios, el poder de Dios, la riqueza de Dios. Pablo expresa que «la gracia sea con todos», pero está condicionado ese «todos» solamente a «los que aman a nuestro Señor Jesucristo con amor imperecedero».

No es cualquier clase de amor, sino uno especial que derramará la gracia, la plenitud de Dios sobre ti. La palabra clave en este verso es «amor imperecedero». Cuando algo es inalterable es fijo, constante, invariable, continuo, permanente, indestructible, incorruptible. Este tipo de amor es el que hará que la plenitud y la gracia de Dios se derrame en tu vida. Nuestro primera decisión de calidad es amarlo a él sobre todas las cosas. No puedes amarlo con cualquier clase de amor.

A través de la vida cristiana he visto a personas que han amado a Dios con verdadero amor imperecedero. Un amor arraigado y cimentado que tiene compromiso, decisión, determinación. Más allá de las circunstancias, nunca cambiará.

Un amor imperecedero es un amor que aunque vengan las aguas y sople el viento, nunca cambiará, porque está arraigado y cimentado en la persona del Señor Jesús. Cuando amas con un amor inalterable pruebas lo que 1 Corintios 13 dice: «*El amor es sufrido, es benigno; el amor no tiene envidia, el amor no es jactancioso, no se envanece; no hace nada indebido, no busca lo suyo, no se irrita, no guarda rencor; no se goza de la injusticia, mas se goza de la verdad. Todo lo sufre, todo lo cree, todo lo espera, todo lo soporta*».

Cuando amas con amor imperecedero entiendes que no tiene que ver solamente contigo sino también con él. No importa cuántos años han pasado, tú lo sigues amando. Has hecho una relación de pacto con él por amor. Es el verdadero pacto del matrimonio: «estaré contigo en las buenas y en las malas, en enfermedad y salud, en prosperidad y necesidad, en todo lo que yo llegue a perder o a ganar, te voy a amar».

Hay personas que han alterado su amor no por pasar necesidades sino por haber sido bendecidos. Pablo decía: «*No digo esto porque esté necesitado, pues he aprendido a estar satisfecho en cualquier situación en que me encuentre*».

Aprender a vivir en abundancia es lo más difícil, porque uno tiende a olvidarse del que bendice. Este principio espiritual es paralelo a la vida común y corriente. En mi tierra, Puerto Rico, había un médico que tenía un consultorio sencillo mientras estaba estudiando. Se casó con una señora que lo amaba con todo el corazón, y cuando él pensó en estudiar le dijo a ella:

—Uno de los dos se tendrá que sacrificar porque yo no podré trabajar y estudiar.

—Yo voy a trabajar —le dijo ella.

Organizaron su vida y él se fue a estudiar, no tuvieron hijos durante esos años y ella se sacrificó de noche y de día para ayudarlo en la carrera. Después que escaló la escalera del éxito, se mudó del consultorio donde atendía —que no tenía ni ventanas— hacia otra oficina en un gran edificio de un hospital. Luego tuvo varios hospitales para trabajar, auto nuevo, cosas nuevas, entonces dijo: «Tengo que buscarme una mujer nueva».

Hay personas que cuando escalan el éxito dicen «lo que usé ya no sirve». Eso no es amor, es una relación donde tú usaste a las personas para impulsarte hacia donde querías llegar. Hay quienes dicen que aman al Señor, pero cuando son bendecidos se olvidan de quién los bendijo. Cuando tienes un amor imperecedero

> *Hay quienes dicen que aman al Señor, pero cuando son bendecidos se olvidan de quién los bendijo.*

no amas lo que él te está dando sino que amas al que te está dando. Aunque no te diera nada, tú lo amarías igual.

Amor eterno

El amor imperecedero es un amor de compromiso. Por ese amor era muy fácil que los apóstoles de la iglesia primitiva entregaran su vida al servicio del Señor Jesús. Si te amas a ti más que a cualquier otro, no estarás dispuesto a sacrificar nada, pero cuando amas verdaderamente ese amor es sacrificado, entregas lo que tienes por él.

Cuando Esteban fue apedreado, él se gozó en medio del dolor, aun cuando estaba muriendo. Él sabía que pronto vería cara a cara a Aquel a quien había amado toda su vida y ya no se separaría de él.

El Señor le dijo a la iglesia de Éfeso: *«Sin embargo, tengo en tu contra que has abandonado tu primer amor»* (Apocalipsis 2:4). Cuando dice «has abandonado» no significa que se vació sino que fue una decisión del corazón.

Tu primer amor es el Señor, porque no puede haber un amor más grande en tu vida que él. *«Ama al Señor tu Dios con todo tu corazón, con toda tu alma y con toda tu mente»* (Mateo 22:37). No puedes amar a tu prójimo como a ti mismo si primero no tienes esa relación de intimidad con él.

La gracia de Dios, la plenitud de Dios, la bondad de Dios se derramarán sobre aquellos que aman al Señor con un amor inalterable. La clave está en decidirte amarlo por sobre todas las demás cosas.

El salmista describió la plenitud de Dios en el Salmo 91:14: «*Yo lo libraré, porque él se acoge a mí; lo protegeré, porque reconoce mi nombre. Él me invocará, y yo le responderé; estaré con él en momentos de angustia; lo libraré y lo llenaré de honores. Lo colmaré con muchos años de vida y le haré gozar de mi salvación*».

El Señor te dice: «Aunque todos te abandonen, yo te libraré, responderé a tu oración, estaré contigo en tu angustia. Aunque todos se vayan y te abandonen, aunque tu madre y tu padre te dejaran, yo voy a estar contigo». Las relaciones humanas se pueden acabar pero la relación con él es permanente y eterna. Él te ha amado, te ama y te amará, y no hay nada que te pueda separar del amor de Cristo.

Cuando dice: «*Lo colmaré con muchos años de vida*», no se refiere de largura de días sino de vida. Esta palabra significa que la vida de Dios está aplicada a tu vida, y obtendrás una mejor calidad de vida. Esa vida de Dios no viene vacía sino con bendición, paz, gozo, benignidad, fe, mansedumbre, templanza.

El fruto del Espíritu trae la vida de Dios y cuando la tienes, caminas en paz y en gozo, no importan las circunstancias. El Señor te mostrará su liberación, su salvación. El amor de Cristo es tan profundo que no te deja en un problema sin ir a tu rescate, porque eres su amor y vives en intimidad con él. Cuando eso sucede él no te abandona sino te muestra su salvación.

No importa cuantos se levanten contra ti. No importa qué peligros estés pasando. No importan las circunstancias que te rodeen porque probarás lo que es la salvación y la liberación del Señor. Cada vez que te encuentres en una situación de la que no puedes salir tienes que confiar en el amor de tu vida, él nunca te dejará. Este es el resultado de tener una relación íntima, un amor inalterable con Jesucristo. Es tener la plenitud de Dios en tu vida.

Tú no puedes apagar el amor de Dios cuando sales de tu iglesia y volver a encenderlo el domingo a la mañana. Cuando lo amas íntimamente tienes culto a Dios aun cuando la iglesia esté cerrada, aun cuando los hermanos no estén orando.

Acceso a otra dimensión

Hace un tiempo alguien me preguntó: «Pastor, ¿cómo podemos hacer que la gente capte la visión de las misiones? ¿Qué podemos decirle?». Otra persona preguntó: «¿Cómo podemos hacer para que la gente entienda la idea de diezmar y dar al Señor?». Mi respuesta fue: «No hay nada que podamos hacer con palabras. Puedo quedarme ronco predicándole, dándole revelaciones sobre la importancia del dar, de recibir, de ir a misiones, y nunca lo podrán captar, porque hay personas que viven en su propio mundo y nada más. Lo único que puede cambiar la perspectiva de tu vida y entonces entender las revelaciones profundas de estas áreas de la dimensión espiritual es a través de una relación espiritual de intimidad con el Señor Jesucristo».

Cuando estás cerca del corazón de Dios, amas lo que él ama.

Cuando amas al Señor no haces las cosas por obligación sino porque amas con ese amor de decisión, de compromiso y obedeces al que amas. Cuando estás cerca del corazón de Dios, amas lo que él ama.

Muchas veces es difícil entender el corazón de Dios porque hemos sido enseñados en una religión, no en una relación. Pero cuando pasamos de una religión a una relación nadie te empuja, ni te está buscando, visitándote, nadie tiene que mandarte flores para que vayas a la iglesia, tú lo haces por que lo amas y tienes una intimidad con el Señor Jesucristo.

Cuando Pedro le dijo al Señor: «Aunque todos se vayan yo estaré contigo», su amor era alterable, tenía corrupción, era destructible y podía ser cambiado. Detrás de esa declaración había más del amor de Pedro por él mismo que por el Señor Jesús. Por eso, cuando llegó el momento de la prueba le negó tres veces. Sin embargo, el Señor Jesús aun cuando el amor de Pedro no era perfecto, se acercó nuevamente y le dijo:

«*Simón, hijo de Juan, ¿me amas más que éstos?*
—Sí, Señor, tú sabes que te quiero —contestó Pedro.
—Apacienta mis corderos —le dijo Jesús.
Y volvió a preguntarle:
—Simón, hijo de Juan, ¿me amas?
—Sí, Señor, tú sabes que te quiero.
—Cuida de mis ovejas.
Por tercera vez Jesús le preguntó:
—Simón, hijo de Juan, ¿me quieres?
A Pedro le dolió que por tercera vez Jesús le hubiera preguntado: «¿Me quieres?» Así que le dijo:
—Señor, tú lo sabes todo; tú sabes que te quiero.
—Apacienta mis ovejas —le dijo Jesús—».
(Juan 21:15-17).

La tercera vez que Jesús le preguntó, Pedro entendió. La invitación de Jesús era a tener una relación de intimidad más profunda que cualquier otra relación.

Allí Pedro recibió la revelación del amor profundo de Dios que excede todo conocimiento y le dijo: «Señor, tú sabes todo, tú sabes que te amo. Tú sabes todas las cosas», entonces Jesús le dijo: «Pedro, apacienta mis ovejas, porque ya entraste a esta relación de amor, de intimidad, y amarás lo que yo amo. Aun si tienes que entregar tu vida por esta causa

*Él quiere ser el amor
de tu vida.*

lo harás sin ningún dolor ni temor, porque tú me amas a mí, no a las otras cosas ni a ti mismo, por lo tanto amarás lo que yo amo».

Para acceder a un mayor nivel espiritual y romper los límites espirituales que han mantenido a tu vida en un estancamiento espiritual, es necesario una relación fresca y de intimidad profunda con el Señor en tu corazón. Él quiere ser el amor de tu vida. Él quiere que reboces de su plenitud.

Capítulo 10

RECUPERAR LO PERDIDO

«David partió con sus seiscientos hombres hasta llegar al arroyo de Besor. Allí se quedaron rezagados doscientos hombres que estaban demasiado cansados para cruzar el arroyo. Así que David continuó la persecución con los cuatrocientos hombres restantes» (1 Samuel 30:9-10).

David y seiscientos hombres huyeron de Saúl a la tierra de los filisteos. Cuando decidieron regresar a su ciudad encontraron un cuadro deprimente. A medida que se iban acercando su corazón palpitaba con angustia porque veían el humo, el fuego, y se daban cuenta que algo estaba ocurriendo: «Les habían robado todas las cosas». Al llegar se dieron cuenta de lo que estaba sucediendo.

Los hombres entrenados para la guerra, que no le temían a nada ni a nadie, de pronto comenzaron a llorar como niños hasta que no les quedaron más lágrimas.

Ese día, aquellos hombres que habían jurado lealtad a David para defenderlo y ayudarlo estaban murmurando contra él y pensaban en apedrearlo y matarlo. David confrontó una gran y difícil situación. No solo sus hombres se estaban rebelando, sino que él había perdido algo muy preciado en su vida, sus dos mujeres. Mientras ellos estaban mirando hacia un lado, el enemigo y los amalecitas les habían robado todo, incluso las mujeres y los niños.

En distintos momentos de nuestra vida el enemigo vino y nos robó, ya sea en el área familiar, en las finanzas o en cualquier otra. Pero Jesús nos dijo que el enemigo vino a matar, a hurtar y a destruir; mas él vino para que tengamos vida en abundancia.

Lo que el diablo te robó

David había perdido a sus dos mujeres. Una de ellas se llamaba Ahinoam, su nombre significa: «agradable, favorable». Su nombre expresaba el favor. La otra esposa de David se llamaba Abigail, su nombre significa «fuente de gozo». El favor y el gozo son las dos alas de un mismo pájaro, ambas están unidas. Cuando tienes favor, tienes gozo. Cuando no tienes el favor, no tienes el gozo. David había perdido el favor y el gozo al perder a sus esposas.

Necesitas tener fe para tener gozo.

Por momentos hemos enfrentado diferentes batallas y el enemigo ha venido con una misión específica: «robarte el favor y el gozo». Cuando creemos en Dios tenemos su favor.

Sin fe es imposible agradar a Dios. Agradarle es tener favor con él. Si tengo fe, tengo favor con Dios.

El enemigo está detrás de tu fe y tu gozo. Lo que sostiene tu fe es el gozo. Necesitas tener fe para tener gozo. Pero hay personas que no tienen favor ni gozo porque el enemigo se ha encargado de robarles la fe.

Los hombres de David estaban desanimados, habían llorado hasta quedar sin fuerzas, perdieron toda esperanza, todo deseo de seguir adelante. Pero en medio de esta crisis David le habló a Dios y le dijo: «*¿Debo perseguir a esa banda? ¿Los voy a alcanzar? Persíguelos le respondió el Señor. Vas a alcanzarlos, y rescatarás a los cautivos*» (1 Samuel 30:8).

El Señor mandó a David a perseguir a los ladrones para recuperar lo que le habían robado. Hoy Dios le está diciendo a la iglesia que recupere lo que le han robado. Si el enemigo te ha robado la paz en el hogar, el gozo con tus hijos, la salud física y las finanzas, el Señor te dice: «Vé tras ellos porque yo te voy a devolver lo que el enemigo te ha robado».

Los seiscientos hombres partieron hacia la conquista, pero cuando llegaron al torrente de Besor, un río caudaloso, doscientos de ellos dijeron: «No podemos cruzar, estamos muy cansados, tenemos que quedarnos de este lado».

Hay algo terrible que puede suceder con nuestra vida. Si nos decepcionamos, nos cansamos, nos entristecemos y nos desanimamos, nos quedaremos del otro lado del Besor. No podremos cruzar a esa otra dimensión a la que Dios nos ha llamado, ya que del otro lado está todo lo que el enemigo nos ha robado y aun mucho más. El enemigo quiere que te quedes del otro lado del río, que no cruces el Besor.

Hay personas dentro de las congregaciones, llenas de depresión, tristeza, angustia, desanimadas, frustradas, cansadas y muchas de ellas se han quedado frente al Besor sin saber que están más cerca que nunca de recuperarlo todo. Cruzar el Besor es la llave para recuperar todo lo perdido. Estos hombres tenían que cruzarlo para poder recuperar lo perdido.

Río de gozo

Besor significa «corriente de alegría, abundancia de regocijo, olas de gozo, río de gozo». El Besor es el río de gozo. Muchos sin fuerzas están estancados en la tristeza, en la depresión, en la melancolía de su sufrimiento y en el fracaso de sus recuerdos. Pero el Señor te está diciendo: «Si quieres recuperar lo perdido no puedes seguir nadando en tus lágrimas, tienes que cruzar por el río del gozo, pasar por la puerta del gozo, cruzar el torrente del Besor, y al otro lado está tu bendición».

El profeta Ezequiel vio que había un río que salía desde la casa y el trono de Dios, y ese río era caudaloso, tenía sanidad y vida (Ezequiel 47). Pero él no fue el único que vio ese río, sino también el salmista y Juan según el relato en Apocalipsis.

> *«Hay un río cuyas corrientes alegran la ciudad de Dios, la santa habitación del Altísimo. Dios está en ella, la ciudad no caerá; al rayar el alba Dios le brindará su ayuda»* (Salmo 46:4-5).

> *«Luego el ángel me mostró un río de agua de vida, claro como el cristal, que salía del trono de Dios y del Cordero, y corría por el centro de la calle principal de la ciudad. A cada lado del río estaba el árbol de la vida, que produce doce cosechas al año, una por mes; y las hojas del árbol son para la salud de las naciones»* (Apocalipsis 22:1-2).

Ese río sale del trono de Dios y del Cordero, es un río de gozo, porque cuando estás en él te produce sanidad emocional y espiritual. No hay manera de recuperar lo perdido si solo miras al pasado, es necesario accionar y ponerte en movimiento hacia el presente y el futuro.

Tenemos que pasar por ese Besor, ese río de gozo que sale de la presencia del Señor, allí hay plenitud de gozo. Si estás en la presencia de Dios no puedes estar triste, con la cara larga. Si estás frente al río de Dios, allí hay abundancia de gozo que sale de su espíritu hacia tu alma. Este es el secreto para recuperar todo lo que se había perdido. No es posible recuperarlo en tu propia fuerza ya que tu lucha debe ser espiritual.

La Palabra en el Salmo 100, versículo 2 dice en su versión Reina Valera: «*Venid ante su presencia con regocijo*». Tenemos que ir ante él con regocijo, allí hay plenitud de gozo.

Río de sanidad

Para llegar a su presencia hay que cruzar el Besor, por el río del gozo. La llave para poder llegar ante él es cruzar por el gozo, no podemos caminar en una actitud de tristeza y llegar así ante su presencia, nuestra actitud debe ser de gozo.

En la visión, Juan vio que al lado del río había un árbol de vida que producía fruto y sus hojas eran para sanidad de las naciones. El Besor produce fruto, el gozo es un fruto del Espíritu. Estoy hablando de una experiencia que va más allá de «sentir», es una experiencia espiritual. Tenemos que sustituir la depresión con el gozo del Señor.

Tenemos que sustituir la depresión con el gozo del Señor.

No caminamos por vista, no caminamos por lo que sentimos o vemos sino por lo que creemos.

Somos la casa del Espíritu Santo, de modo que el fruto del Espíritu está en ti, dentro de ti. Los frutos del espíritu son amor, gozo, paz, y están en ti. No tienes que buscar ese gozo fuera de ti sino en tu interior. Aquellos que no conocen a Cristo tienen que usar químicos, alcohol y otras cosas para sentir alegría, buscan el gozo en el exterior. Pero el cristiano tiene el gozo dentro de sí. Lo único que tenemos que hacer ante una circunstancia de presión es dejarlo salir, activarlo por la fe. Dejar salir ese gozo, activarlo por la fe.

Jesucristo dijo: «*De aquel que cree en mí, como dice la Escritura, brotarán ríos de agua viva*» (Juan 7:38). El Besor correrá desde dentro de ti hacia fuera. Ese río de gozo llenará tu alma, tu vida, tu familia, tus finanzas. Esta agua traerá sanidad porque ese río tiene sanidad.

Cuando activo ese gozo dentro de mí y lo dejo salir, por la fe automáticamente estoy en la presencia de Dios, y allí hay plenitud de gozo.

Al otro lado del Besor está la presencia del Señor. Ese lugar es el que el salmista describía como: «Refugio mío, debajo de sus alas estoy protegido». Este mundo infunde depresión, pero nosotros tenemos el gozo que el mundo necesita.

> *Este mundo infunde depresión, pero nosotros tenemos el gozo que el mundo necesita. Desiste a ser derrotado por la tristeza, la depresión y la melancolía.*

Sión espiritual

«*Vendrán y cantarán jubilosos en las alturas de Sión*» (Jeremías 31:12).

El Sión espiritual es la presencia de Dios. Hay un lugar físico llamado Sión, pero también existe un lugar espiritual llamado Sión.

Jesús le dijo a la mujer samaritana: «*Pero se acerca la hora, y ha llegado ya, en que los verdaderos adoradores rendirán culto al Padre en espíritu y en verdad*» (Juan 4:23).

Aquellos que van cruzando se oyen llegar, pueden oír los gritos de gozo, no son de lamento ni llantos, son gritos de alegría porque el río de Dios está fluyendo mientras ellos están cruzando.

> «*Y vendrán con gritos de gozo en lo alto de Sión, y correrán al bien de Jehová, al pan, al vino, al aceite, y al ganado de las ovejas y de las vacas; y su alma será como huerto de riego, y nunca más tendrán dolor. Entonces la virgen se alegrará en la danza, los jóvenes y los viejos juntamente; y cambiaré su lloro en gozo, y los consolaré, y los alegraré de su dolor. Y el alma del sacerdote satisfaré con abundancia, y mi pueblo será saciado de mi bien, dice Jehová*» (Jeremías 31:12-14 RV).

Esta es la bendición que transmite la presencia del Señor. Activa el gozo que está dentro de ti por la fe y zambúllete de cabeza en el río de Besor.

Aunque el problema te diga: «No te goces». Aunque la situación te diga: «¿Por qué te vas a alegrar, a gozar?», debes entender que frente a un problema el diablo no te podrá ayudar, entonces dile: «Yo tengo un Dios poderoso que trae soluciones y no problemas. Cruzaré el Besor y llegaré a su presencia». Algo ocurre cuando llegas a la presencia de Dios usando la llave del gozo.

El gozo de la alabanza

La Palabra de Dios dice que él habita en medio de la alabanza de su pueblo. Cuando ingresas a su presencia, él sale a tu defensa. Quienes no entendieron eso todavía están llorando, para que alguien sienta pena por ellos. Pero si tú quieres que sientan lástima por ti quédate del otro lado del Besor. Allí vivirás cansado, desanimado y sin poder alcanzar el destino que Dios tiene para ti. Si quieres obtener lo que Dios tiene para ti debes cruzar al otro lado y dejar todo llanto, dolor y sufrimiento.

El Salmo 149 dice: «*Canten a Jehová cántico nuevo, su alabanza sea en la congregación de los santos. Alégrese Israel en su Hacedor; los hijos de Sión se gocen en su Rey*» (vv. 1-2 RV).

En otras palabras está diciendo: «¡Métete en el río!». Tú estás fuera de tu ciudad, por eso estás triste. Métete al río Besor, al gozo. «*Alaben su nombre con danza; con pandero y arpa a él canten*» (v. 3). No dice que debemos sentir el deseo interior de danzar, dice que alabemos a Dios con danzas.

Saber nadar es algo bueno, porque si entras al agua y te quedas quieto y tranquilo te ahogarás, tienes que hacer algo para poder sobrevivir. Cuando activas tu cuerpo puedes avanzar hasta llegar a donde quieras.

«*Regocíjense los santos por su gloria, y canten aún sobre sus camas*» (v. 5). No dice «lloren sobre sus camas» sino «alégrense y canten».

«*Exalten a Dios con sus gargantas...*» (v. 6b). La palabra «exaltarle» significa gritar hasta que te quedes sin voz. Hay gente que está eufórica de gozo y se queda ronca.

El Señor dice: «Tienes que cruzar el Besor y llegar a mi presencia, pero tienes que hacerlo con un gozo verdadero». No puedo cantar si no tengo alegría, no puedo fingir, porque el gozo está dentro de ti.

Tortura para el infierno

«*Y espadas de dos filos en sus manos, para ejecutar venganza entre las naciones, y castigo entre los pueblos; para aprisionar a sus reyes con grillos, y a sus nobles con cadenas de hierro; para ejecutar en ellos el juicio decretado; gloria será esto para todos sus santos. Aleluya*» (v. 6b-9).

¿Cuántos han tenido deseos de enfrentar al enemigo y pelear? Pues el Señor dice: «Si alabas mi nombre y te gozas en mí, tu danza se convierte en martirio para el reino de las tinieblas. Cada vez que danzas caes sobre la cabeza del reino de las tinieblas y la mantienes debajo de los pies de la iglesia».

Cuando alabas a Dios «aprisionas a sus reyes con grillos y a los nobles con cadenas de hierro». El Señor ata a las malicias y a los principados que han tratado de perturbarte, y ejecuta en ellos el juicio decretado. El Señor declaró un juicio sobre Satanás y el reino de las tinieblas, este es: torturas por la eternidad. Al igual que en una corte, cuando sale el culpable, el juez dice: «Lo sentenció a veinte años de cárcel». Golpea con el martillito y le pide a los alguaciles que se lo lleven. El juicio que él decretó lo ejecutará.

Cuando alabamos al Señor y usamos el gozo para alabarle, el juicio que fue declarado es ejecutado sobre el reino de las tinieblas, es la tortura que el enemigo comienza a sufrir desde ese momento. Satanás es alérgico a la alabanza del pueblo de Dios, y cuando hay un pueblo que alaba con gozo, eso tortura al reino de las tinieblas.

Desiste a ser derrotado por la tristeza, la depresión y la melancolía. Los que cruzan el Besor son los que asumen una actitud de gozo y alegría ante la presión. El salmista decía: «¿Por qué andaré yo enlutado por la presión del enemigo?».

El gozo de los que servimos a Cristo comienza aquí, en la tierra, y termina en el cielo. No voy a esperar llegar al cielo para danzar y gozar sino que desde ahora voy a practicar lo que haré allí.

Los que cruzan el Besor son aquellos que conocen lo que hay en la presencia de Dios: victoria, plenitud, vino, pan, aceite, abundancia. Has estado tan lejos llorando, lamentándote, cantado canciones de lamento, que ya es tiempo de buscar el camino hacia el Besor.

Gozo que sana heridas

Cuando era pequeño pasaba por un sitio al que llamaban vellonera. Ahí siempre veía a un hombre con una cerveza en la mano; le decían «el manco del Lepanto». Una vez pregunté por qué le decían «el manco» si tenía las dos manos. La respuesta fue que tenía una mano inutilizada porque siempre sostenía con ella la cerveza. Un día, con una cerveza en la mano, me decía llorando: «Me dejó, me dejó. Dame otra cerveza». Hay muchas personas iguales al «manco», llorando su tristeza y dolor, pero todo eso puede ser cambiado con el gozo del Espíritu de Dios.

Borrón y cuenta nueva, entra al gozo del Señor.

Conozco lo que hay en la presencia de Dios y no me quedo atrapado en el fracaso del pasado ni en el sufrimiento de lo vivido. Dios dice: «*No os acordéis de las cosas pasadas, ni traigáis a memoria las cosas antiguas. He aquí que yo hago cosa nueva*» (Isaías 43:18-19). Borrón y cuenta nueva, entra al gozo del Señor.

Los que cruzan el Besor son los que se sumergen, los que no meten los pies en el agua no se mojan. Si quieres mojarte, meterte en el agua, tienes que alabar al Señor, alabar su nombre. Hay algunos que no alaban al Señor con gozo porque se ven ridículos, pero eso no importa porque producirá una bendición tan grande

El Señor te devolverá el ciento por uno de lo que el diablo te ha robado.

en tu vida que comenzará a sanar heridas en tu corazón.

Hasta hoy el enemigo atacó tu familia y te oprimió en las finanzas para entristecerte, para robarte el gozo y el favor.

Ahora te encuentras cansado, desanimado, porque buscas la salida y no la encuentras. Pero el Señor te devolverá el ciento por uno de lo que el diablo te ha robado. ¡Alaba! ¡Glorifica al Señor! Métete en el Besor, no importa lo que piensen de ti. Pon una sonrisa en tu boca y di: «Gracias, Señor, tu gozo es mi fortaleza. Hoy cruzaré el Besor».

Capítulo 11

ROMPIENDO LOS LÍMITES

«Ensancha el sitio de tu tienda, y las cortinas de tus habitaciones sean extendidas; no seas escasa; alarga tus cuerdas, y refuerza tus estacas. Porque te extenderás a la mano derecha y a la mano izquierda; y tu descendencia heredará naciones, y habitará las ciudades asoladas» (Isaías 54:2-3 VRV).

Hay una tremenda magnitud en la palabra «extender». En hebreo, el término significa «esparcir, multiplicar, aumentar, desarrollar, extender, incrementar hacia el frente, hacia atrás, hacia dentro, hacia arriba, hacia fuera y aun mucho más allá».

Originalmente, Dios le dio esta palabra profética a su pueblo cuando estaba en cautiverio en Babilonia, asombrosamente esta palabra tiene un triple cumplimiento y creo que uno de ellos es para la iglesia en este tiempo.

Cuando en esta palabra Dios te dice: «Te extenderás», se refiere a que crecerás hacia el frente, hacia atrás, hacia dentro, hacia arriba, hacia fuera y aun mucho mas allá. Nuestro Dios añade, no quita.

Nuestro Dios añade, no quita.

Pero para añadirte en medio de la extensión Dios te va a pedir algunas cosas: En primer lugar, antes que algo extraordinario se cumpla te va a exigir una preparación. Este es un principio del reino. Lo segundo que va a pedir es que esa preparación debe estar fundamentada en captar y comprender lo que Dios hará contigo. Lo tercero y fundamental para tu vida es que rompas todos los parámetros que limitan tu mente. El único que puede detener lo que Dios hará contigo eres tú mismo, es tu mente. El diablo no puede, el infierno no puede, tus vecinos no pueden, el gobierno no puede, solamente tú puedes detenerlo.

Una mente limitada

Nuestra mente vive basándose en paradigmas que son nuestra interpretación de las cosas. Estos están formados de acuerdo a cómo nos criamos, al ambiente donde hemos vivido y a las experiencias que hemos pasados. Un paradigma limitado crea parámetros con una línea constante e invariable que no se puede cambiar.

El único que puede detener lo que Dios hará contigo eres tú mismo, es tu mente.

La mente está limitada cuando ha vivido en espacios restringidos con capacidades limitadas. Si tu vida ha sido pobre, tu mente no puede ir mucho mas allá de lo que conoció y vivió.

Si Dios va a hacer algo contigo te va a pedir que rompas los parámetros y los límites de tu mente.

Él quiere manifestarse en tu vida y para ello lo primero que te pedirá es lo que le pidió al pueblo: «Ensancha el sitio de tu cabaña, sean tus cortinas extendidas y no seas escaso, porque te extenderás a la derecha y a la izquierda». Debemos de cambiar nuestro paradigma y la manera en que analizamos y pensamos. Aunque nuestros pensamientos se formaron desde la niñez, aún pueden ser cambiados.

Una tarde, una mujer vino con su esposo a la oficina. El hombre comienza a contarme que tenían problemas matrimoniales y continuó diciendo: «Pastor, mi sueldo es de casi $45,000 al año y mi esposa gana casi de $30,000. Sin embargo, vivimos en la forma más pobre que se puede imaginar. Tenemos dinero, pero mi esposa quiere ponerlo todo en el banco. Vivimos con la nevera vacía. Cuando llego a casa de regreso del trabajo me encuentro todas las luces apagadas para no gastar en luz. Tengo que esperar 15 ó 20 minutos para que el agua de la ducha se caliente porque ella tiene el calentador apagado. Hace más de diez años que no tomamos vacaciones, tengo el dinero y no puedo usarlo». Entonces miré a la esposa y le pedí que diera su opinión al respecto. Ella me miró y me dijo: «Me crié en un lugar donde no tenía comida. A veces, antes de acostarme, me calentaban agua y le echaban un poco de azúcar, con eso calmaba el hambre para después acostarme a dormir. Tenía un solo traje y un solo par de zapatos rotos, así fui a la escuela durante varios años. A causa de la pobreza que viví determiné que no volvería a ocurrir eso en mi vida». Esta mujer no se daba cuenta que estaba viviendo en la pobreza por miedo a la pobreza. Su mente era la que afectaba su vida. Los paradigmas formados por experiencias vividas controlaban su presente.

Accionándonos para crecer

Un hombre se fue de viaje en un barco y se llevó galletas y queso para comer durante el tiempo en llegar a destino. En el transcurso del viaje comió todas las galletas y el queso que había llevado. Al llegar a destino, el capitán le preguntó por qué nunca había ido a comer al comedor central. La respuesta de aquel hombre fue que estaba comiendo galletas y queso en su camarote porque no había incluido en su boleto el precio de la comida. El hombre no sabía que el pasaje del barco incluía el costo de la comida, o sea, ya estaba pagada la comida.

Hay personas que se pierden tremendas bendiciones porque no conocen el plan de Dios para su vida. Su mente está limitada. Es necesario que rompas los paradigmas de tu mente, ellos te impide recibir lo que Dios tiene para darte.

> *Hay personas que se pierden tremendas bendiciones porque no conocen el plan de Dios para su vida. Su mente está limitada.*

No importa cómo fuimos enseñados, cómo nos levantamos, si pasamos por crisis o situaciones difíciles, ahora estamos viviendo una nueva etapa en nuestra vida y Dios quiere que extendamos nuestra vida a la derecha y a la izquierda.

En el texto que encabeza el capítulo encontramos cuatro acciones necesarias que el Señor nos pide que hagamos en nuestra mente:

«Ensanchar»

Ensanchar nuestra mente, ampliar nuestros pensamientos y conocimientos.

«Extender»

Extender nuestra mente significa esparcirse, abrirse a nuevas cosas que Dios tiene para darnos.

«Alargar»

Alargar, estirar nuestra mente. Ser amplios aunque con convicciones firmes y propósitos definidos.

«Reforzar»

Reforzar las estacas. Afirmar lo que Dios hizo en la extensión de nuestra vida, no sea cosa que en poco tiempo volvamos al estado original.

Cada una de estas acciones son inspiradas por la fe en nuestro Señor, si nos accionamos en estas actividades que él nos recomienda nos ensancharemos, nos extenderemos, nos alargaremos y finalmente reforzaremos las estacas de nuestra vida para no volver atrás.

Pensamientos limitados

> *«Porque mis pensamientos no son vuestros pensamientos, ni vuestros caminos mis caminos, dijo Jehová. Como son más altos los cielos que la tierra, así son mis caminos más altos que vuestros caminos, y mis pensamientos más que vuestros pensamientos»* (Isaías 55:8-9 RV).

No puedes decirle a Dios que baje a tu nivel para pensar contigo y estar de acuerdo con tus pensamientos. Dios pide que tu subas a su nivel de pensamiento, porque nuestros pensamientos no son sus pensamientos. Nuestros pensamientos están limitados por el tiempo y el cuerpo físico, pero Dios —que lo sabe todo, que conoce todo, que controla todo—, tiene poder sobre todas las cosas y no está limitado.

Cuando pienso en algo limitado, él está pensando en algo aun más grande. Dios no se limita porque él tiene poder para hacer cosas grandes y maravillosas. No puedo tratar de limitar a Dios o de entenderlo con mi mente, tengo que intentar comprender su pensamiento y aceptar lo que él quiere hacer. La Palabra dice que somos reyes y sacerdotes, linaje escogido. Tal vez no puedo entender eso porque no me veo como rey, pero si él lo dice, entonces debo creerlo.

Dios no se limita porque él tiene poder para hacer cosas grandes y maravillosas.

Juanito tenía una mentalidad que no podía cambiar. Una tarde fue a la clase de matemáticas y la maestra le dijo:

—Juanito póngase de pie y responda. Si usted tiene en el bolsillo derecho $15 y en el izquierdo $10 ¿qué tiene?

—Tengo los pantalones de otra persona señorita porque yo nunca he tenido tanto dinero en mi vida —respondió Juanito.

Debemos subir al nivel de pensamiento de Dios y no creer lo que vemos sino lo que Dios nos dice. Si yo no me veo como un rey, probablemente tú no me veas como tal, sin embargo, él dice que soy rey y sacerdote. Si Dios dice eso de mí, yo creo sus pensamientos.

Un corazón ensanchado

«*Por el camino de tus mandamientos correré, cuando ensanches mi corazón*» (Salmo 119:32 RV).

Mandamiento es la voluntad, el deseo y los planes de Dios para mi vida. El salmista decía que debemos correr por el camino de sus mandamientos. Imagina que tienes que transitar un camino lleno de dinero, de bendiciones y de todo aquello que tú quieres, ¿caminarías lento o correrías?

Si transitas el camino de Dios y comprendes su pensamiento, aligerarías tu marcha. Si corres en su voluntad, todo lo que venga de parte de Dios para tu vida, inmediatamente será tuyo.

En el camino de su voluntad hay bendición para ti. Puedes correr por ese camino y nada ni nadie te detendrá, pero para eso es necesario que Dios ensanche tu corazón.

Cuando nos referimos al corazón esto incluye la mente, el pensamiento, las emociones, las decisiones. Cada una de estas áreas de tus pensamientos tienen que ensancharse para que puedas correr por el camino de la voluntad de Dios. Él ha separado para ti todas las bendiciones que necesitas. Todavía no lo has obtenido porque tu mente no te deja avanzar, pero

En el camino de su voluntad hay bendición para ti. Puedes correr por ese camino y nada ni nadie te detendrá, pero para eso es necesario que Dios ensanche tu corazón.

tan pronto comiences a ensanchar tu corazón y tus pensamientos, empezarás a correr por el camino de su voluntad y su bendición vendrá como un torrente sobre tu vida.

«*No se amolden al mundo actual, sino sean transformados mediante la renovación de su mente. Así podrán comprobar cuál es la voluntad de Dios, buena, agradable y perfecta*» (Romanos 12: 2).

Este mundo vive a la manera que ellos creen. Utilizan sus vidas conforme a este siglo. Debes transformarte de la cabeza a los pies, cambiar por la renovación de tu entendimiento. Renovando tus pensamientos es de la única manera que puedes transformarte. Esta transformación no será solamente espiritual sino que abarcará todas las áreas de tu vida.

«Conoceréis la verdad y la verdad os hará libre».

La Palabra dice: «Conoceréis la verdad y la verdad os hará libre». Cada vez que conoces la verdad, las cadenas de tu mente se sueltan y puedes recibir libertad para obrar con libertad.

La única manera en que puedo comprobar cuál es la voluntad de Dios para mi vida y experimentarla es *rompiendo los límites* de mi mente, es transformándome por medio de la renovación de mi mente.

Recibir lo nuevo de Dios

> «*Les contó esta parábola:*
> —*Nadie quita un retazo de un vestido nuevo para remendar un vestido viejo. De hacerlo así, habrá rasgado el vestido nuevo, y el retazo nuevo no hará juego con el vestido viejo*» (Lucas 5:36).

No puedes pedirle al Señor que haga algo nuevo contigo cuando todavía quieres quedarte con lo viejo. Cuando Dios te da algo nuevo no es para que remiendes lo viejo con lo nuevo y continuar usando lo viejo. Si él te da algo nuevo, tira lo viejo y vístete con lo nuevo.

No puedes pedirle al Señor que haga algo nuevo contigo cuando todavía quieres quedarte con lo viejo.

Él quiere que eches el vino nuevo dentro de odres nuevos. Cuando el vino nuevo se vierte en odres viejos, el odre no resiste. Hay personas que le piden al Señor más y más, pero él no se lo da porque todavía no están listos, no puede echar vinos nuevos en odres viejos porque les haría daño.

La generación que salió de Egipto no pudo entrar a la tierra prometida porque nunca estuvo dispuesta a cambiar lo viejo por lo nuevo. Dios le había prometido cosas grandes, pero ellos estaban dispuestos a recibirlo, no fue el enemigo ni Faraón, ellos mismos impidieron recibirlo.

Dios le dijo a Moisés en Éxodo 34:10: «*He aquí, yo hago pacto delante de todo tu pueblo; haré maravillas que no han sido hechas en toda la tierra, ni en nación alguna, y verá todo el pueblo en medio del cual estás tú, la obra de Jehová; porque será cosa tremenda la que yo haré contigo».*

El Señor le había dicho a Moisés que haría maravillas nunca antes hechas en la tierra. Este es el Dios que hace cosas que ojos no han visto. El pueblo había salido de Egipto físicamente pero su mente nunca había dejado aquella tierra. Su paradigma, su manera de analizar, su manera de pensar continuaba viviendo en esclavitud. Nunca dejaron de ser esclavos, aun cuando

> *Nunca dejaron de ser esclavos, aun cuando estaban libres en el desierto.*

estaban libres en el desierto. Siempre se quejaban y murmuraban pensando lo que habían dejado en Egipto, sin darse cuenta que Dios tenía tierras nuevas y maravillosas para ellos más adelante. Así fue que quedaron en el desierto y no pudieron obtener la promesa. Generaciones nuevas pudieron entrar a la tierra prometida.

Lo sorprendente de Dios

En la antigüedad los escribas, fariseos y religiosos no pudieron recibir a Jesús como era porque esperaban de otra manera al Mesías. Su mente estaba limitada, tenían parámetros y paradigmas que de alguna forma no les permitían aceptar que Jesús era el Mesías.

Todo lo que Dios había hablado desde el Génesis apuntaban a la venida del Mesías. Y ellos tenían que estar listos para recibirlo, pero en sus mentes no lo aceptaron. Ellos pensaban que el Mesías tenía que nacer entre la opulencia, pero Jesús los sorprendió porque nació entre pobres. Dice la Palabra que siendo rico se hizo pobre por amor de nosotros para que por medio de su pobreza fuésemos enriquecidos.

Sin embargo, ellos no pudieron entender tres cosas importantes acerca de Jesús:

Su nacimiento sencillo, en pobreza y no en riqueza.

Jesús hablaba de una manera distinta, no lo hacía como los fariseos y los escribas imaginaban

Su palabra y ministerio. Jesús hablaba de una manera distinta, no lo hacía como los fariseos y los escribas imaginaban, hablaba con autoridad y poder, pero en forma de parábolas, comparando el reino con cosas terrenales. Ellos no podían comprender esto, era algo tan simple pero no podían entenderlo.

Ellos no podían entender cómo Jesús podía hacer lo que hacía. Jesús sanaba los enfermos los sábados, hacía milagros que ellos no se imaginaban. Él sanó a un ciego escupiendo y haciendo lodo. Sanó a un tartamudo escupiéndole en la lengua. Si Jesús viniera a la tierra ahora mismo y comenzara con estos milagros, seguramente los canales más importantes de televisión lo cuestionarían.

Su pueblo no permitió que el Espíritu Santo cambiara los paradigmas y parámetros de su mente.

Las manifestaciones de Dios

Un pastor decía que cuando la gente se caía al piso era una actuación inventada para hacer un espectáculo. Una noche fue como invitado a predicar en una iglesia. Cuando se sentó en la plataforma, antes de entregarle el púlpito, el pastor de la iglesia se puso a orar y unas personas pasaron al frente. Mientras el pastor oraba, una mujer se cayó frente a los pies del predicador invitado de la noche, él la miró y pensó: «¡Qué ridícula!», y se quedó mirándola. Instantes después la mujer comenzó a llorar y después a reírse, luego el pastor pensó: «¿Primero llora y después se ríe?».

Al levantarse del piso, la mujer miró al pastor invitado y le dijo:

—Quiero que usted me explique qué me ocurrió.

—¿Que yo le explique lo que le pasó? —dijo asombrado el invitado.

Dios hace lo que él quiere y nosotros no debemos juzgar su manera de manifestarse.

—Sí, esta es la primera vez que voy a una iglesia desde que era pequeña. Cuando este hombre puso las manos sobre mis hombros me fui al piso. Mientras estaba en el piso recordé algo que estaba en mi conciencia y causó un trauma en mi vida. Cuando mi mamá me hizo tomar la primera comunión tenía que ponerme zapatos blancos, pero ella no tenía dinero para comprarlos y me puso los zapatos negros que tenía. Entre decenas de niñas que tomaban la comunión yo era la única con zapatos negros. Esa situación causó un trauma en mi recuerdo, un dolor que marcó mi vida para siempre. Desde ese momento nunca más pisé una iglesia hasta hoy que me invitaron. Mientras estaba tendida en el suelo me vi cuando era niña con esos zapatos negros. De repente vino una persona vestida con una toga blanca y cuando llegó cerca de mí me sonrió, levantó el manto de sus pies y me mostró que él estaba descalzo. Al ver esto me

Él quiere romper los límites de tu mente.

sonreí porque yo había sufrido durante tantos años por unos zapatos negros, y él no tenía zapatos. En ese momento mi corazón fue sano.

Esta experiencia nos demuestra que Dios hace lo que él quiere y nosotros no debemos juzgar su manera de manifestarse. Tú no puedes limitar la mente de Dios. Él quiere cambiar tu paradigma, él quiere romper los límites de tu mente.

El cumplimiento de las promesas

Para poder extenderte a la derecha o a la izquierda es necesario que Dios rompa los límites de tu mente. Si hay miedo, complejo de inferioridad o traumas que te han estado limitando, Dios quiere romper todo de una vez y para siempre. Muchas personas nunca pueden alcanzar lo que Dios desea darle porque viven llenos de complejos. Otros tienen temor al fracaso, al hombre, al que dirán los demás, pero en el nombre de Jesús rompe esos miedos.

Si en el pasado has sido una persona fracasada, el Señor te dice que no mires atrás, no mires a tu fracaso, él romperá los límites de tu mente y te extenderá a la derecha y a la izquierda.

La Biblia cuenta la historia de un hombre al que Dios le hizo una promesa que era humanamente imposible de cumplir. Este hombre se llamó Abraham. La promesa era darle un hijo, pero este hombre era viejo y su esposa también. Sumado a eso, la mujer había sido estéril toda su vida fértil, nunca había tenido hijos, pero Dios le había prometido que extendería su descendencia a través de un niño y que él sería padre de naciones. Tal vez este hombre pensaba que Dios había llegado tarde porque su esposa era anciana y él también, pero Dios

> *Dios nunca llega tarde, él llega en el momento exacto.*

nunca llega tarde, él llega en el momento exacto. Nadie podía decir que lo que más tarde ocurrió fue producto de la suerte ni de la habilidad. Dios es el que se lleva la gloria y la honra.

En muchas situaciones, cuando humanamente ya no se podía lograr nada, Jesús hacía tremendos milagros, tal es el caso de Lázaro a quien levantó de entre los muertos. Él podía haber llegado el día que Lázaro estaba enfermo, pero se retrasó. Sin embargo, cuando ya no había nada que hacer, Lázaro salió de la tumba. ¿Quién podía decir que eso no fue un milagro?

Proceso de transformación

Dios no tiene problemas con las promesas que nos hace sino con las estructuras de la mente que impiden que recibamos esa promesa. Para que Abraham pudiera recibir lo que Dios tenía para él, era necesario que cambiara su paradigma.

Para que Abraham pudiera ingresar en el proceso, Dios le pidió que rompiera los límites de su mente al obedecer ciertos consejos:

1. Abandonó su tierra y parentela

La Palabra dice: «No traigas a memoria las cosas pasadas ni las cosas antiguas, he aquí yo hago las cosas nuevas». Uno de los problemas más importantes que las personas tienen para moverse hacia delante y progresar es que viven atados al pasado. Lo que viviste en el pasado manipula tu presente. Tal vez fuiste abusado o viviste situaciones difíciles cuando eras niño, y ese pasado todavía te persigue en el presente y condiciona tu futuro.

Cuando Dios le pidió a Abraham que dejara su tierra y su parentela le estaba pidiendo que saliera de lo familiar, de lo conocido a lo desconocido, que se moviera a una tierra donde todo sería nuevo. Allí él tendría que soltarse y romper de una vez y para siempre con el cordón que lo unía a su pasado. Así se liberaría de las voces de los familiares que siempre le decían: «Tú no puedes, no eres nadie». Cuando Dios te dice: «Tienes que salir de tu tierra y tu parentela» es porque tiene un plan contigo.

Si quieres que los parámetros de tu mente se rompan tienes que salir de tu tierra y tu parentela. Dios te dice que dejes tu pasado y te muevas a lo que él te va a dar.

Si quieres que los parámetros de tu mente se rompan tienes que salir de tu tierra y tu parentela. Dios te dice que dejes tu pasado y te muevas a lo que él te va a dar. Tú no puedes avanzar arrastrando con la maleta del pasado. Tienes que quitarte la mochila del pasado y salir hacia tu presente y tu futuro. Tienes que cambiar ese paradigma y moverte hacia otra dirección, hacia lo nuevo de Dios.

2. Cambió su nombre

Dios le cambió el nombre a Abram y le puso Abraham, que significa «padre de multitudes». Para poder cambiar la mente de este hombre era necesario también cambiar su nombre. Esto era determinante.

Abraham habló con Dios y escuchó su plan. A través de hablar y escuchar la voz de Dios, Abraham transformó su mente. Dios quiere que empieces a hablar y a escuchar su plan, porque mientras no hables su plan no te incluirá como parte de lo que él quiere hacer contigo. Al comenzar a hablar el plan para tu vida, las cosas comienzan a cambiar en tu mente. Cambia la manera en que hablas y la forma en que oyes.

Abraham significa: «Padre de multitudes», pero en la mente de este hombre cruzaba las siguientes dudas: «No tengo hijo, soy un viejo, mi esposa es una vieja y estéril». Sin embargo, cuando lo llamaban: «Padre de multitudes», él respondía.

No sigas llamando las cosas que son como son, empieza a llamar las cosas que no son como si fuesen. Tú eres un hijo de Dios lavado por la sangre del Cordero, victorioso, un rey y sacerdote. El reino de las tinieblas te tiene miedo, los demonios te temen. Ellos saben quién eres tú en Cristo Jesús. Empieza a confesar que te has extendido en tus finanzas, en tu vida familia, en tu ministerio. Irás a la derecha y a la izquierda porque eres la bendición de Dios representada en esta tierra.

3. Dios hace que Abraham mire hacia el cielo y cuente las estrellas

Si Abraham podía contar las estrellas también podría contar su descendencia. Este es un principio poderoso que rompe todo paradigma y límites en nuestra mente. Dios hizo que Abraham se enfocará en lo de arriba y no en lo de la tierra. A veces estamos tan enfocados en las cosas de la tierra que nos absorben. Si no tengo dinero para completar el pago de la renta, o si se me rompió el automóvil, me distraigo. Pero el Señor dice: «Levanta tus ojos y mira. No te enfoques en las cosas de la tierra porque yo voy a cambiar tu paradigma, tu mente».

> *Si tienes tu mirada puesta en las cosas de la tierra no te vas a enfocar en lo que Dios está diciendo que hará contigo.*

Si tienes tu mirada puesta en las cosas de la tierra no te vas a enfocar en lo que Dios está diciendo que hará contigo. Concéntrate en el plan de Dios para tu vida.

Cuando Jesús estuvo en esta tierra pudo atravesar el momento de la crisis de la cruz porque tenía sus ojos puestos delante de él. No miraba a los costados sino al frente, por eso resistió a la cruz. Cuando tenemos la mirada enfocada en el plan del Dios de lo alto, podemos pasar las pruebas de mejor manera.

Las pruebas y dificultades te pueden empujar hacia la izquierda o hacia la derecha, pero tú sigues hacia delante porque estás determinado a llegar a la meta. La Biblia dice que debemos poner la mirada en las cosas de arriba, no mirando las cosas que se ven sino las que no se ven.

El problema en tu casa se ve. El problema en tu trabajo se ve. Cuando abres la cartera o recibes la cuenta de banco, eso se ve. Pero Dios te dice: «Deja de ver las cosas que se ven y empieza a ver las cosas que no se ven». Hay que quitar la mirada de las cosas pasajeras de esta tierra, porque las cosas que se ven son pasajeras pero las cosas que no se ven son eternas.

Guiar una iglesia y ayudarla a mantenerse enfocada en la visión que Dios les ha dado es una de las cosas más difíciles, porque las personas tienden a bajar sus miradas y empezar a mirar las circunstancias. Si estás enfocado en la visión no tendrás problemas porque Dios es quien está conduciendo esta obra y sabe hacia dónde vamos. No importa si te quitan, si te ponen en la izquierda o a la derecha, si te saludan o no te saludan, porque tú estás enfocado en lo que Dios dice que hará.

4. Dios le pide a Abraham que sacrifique el hijo de la promesa

Dios le pidió a este hombre que hiciera algo inconcebible para romper el paradigma en su mente. Después que le da la promesa, le entrega a su hijo, y le pide que lo sacrifique.

Dios estaba buscando romper el paradigma de su mente porque Abraham pensaba que su bendición estaba en su hijo. Pero Dios le estaba pidiendo lo valioso para darle lo glorioso. Hay momentos en que nos aferramos a una bendición temporal, cuando Dios tiene más para nuestra vida. El Señor le dijo a Abraham: «Dame a tu hijo, sacrifícalo».

Hay momentos en que nos aferramos a una bendición temporal, cuando Dios tiene más para nuestra vida.

Según cuentan los estudiosos bíblicos, cuando Isaac fue a ser sacrificado tenía unos de 24 años. No era un niño, ya era un adulto. Abraham, su padre, obedeció al Señor porque él sabía que tenía que romperse el paradigma de su mente. Que Isaac no sería la bendición. Dios le había prometido que le daría un hijo, y después se lo estaba pidiendo. Sin embargo, si

Abraham lo sacrificaba, Dios lo levantaría aun de entre los muertos. Este hombre tenía una gran fe y una mente amplia para creerle a Dios y someterse a su plan.

Tal vez tengas que sacrificar tu ministerio, si es lo que Dios te ha dicho. Ponlo en el altar y dile al Señor: «Estoy dispuesto a recibir lo glorioso, y no solamente lo valioso, aunque me duela en el corazón. Si tengo que sacrificarlo para moverme a lo que tú has prometido en mi vida, lo haré».

Dios quiere cambiar tu paradigma

Cuando Abraham puso a su hijo en el altar del sacrificio, levanto el puñal y el ángel lo detuvo. Finalmente el sacrificio se hizo con un cordero que estaba por allí, porque aquello que está hecho en el corazón para Dios, ya está hecho.

Dios le dijo: «Tu hijo no era la bendición, la bendición no era una descendencia, tu bendición son las naciones. Si no entregabas a tu hijo, no podía darte las naciones, porque estabas atado a tu hijo, a tu descendencia». El Señor quiere darte las naciones.

Hay muchas cosas que tenemos que poner en el altar del sacrificio para Dios y decirle: «Señor, quito lo viejo para moverme a lo nuevo. Aunque me duela lo sacrifico para moverme adelante. Abandono lo que me impide recibir lo nuevo que me quieres dar». Recuerdo la historia de una niña que amaba los collares de perla. Su padre no tenía dinero y le regaló un collar de perlas falso. Al verlo la niña se puso feliz. Iba a la escuela y aun dormía con él. Unas Navidades el padre llamó a la niña cerca del fuego de la chimenea y le dijo:

—Hija, ¿tú me amas?

—Sí papá, yo te amo —respondió la pequeña.

—Entonces te voy a pedir algo, quítate el collar de perlas y tíralo en el fuego.

La niña empezó a temblar y a llorar, y le dijo:

—Papi, tú sabes cuánto amo este collar.

Pero él volvió a repetir:

—¿Tú me amas?

—Sí papi, tú sabes que te amo —dijo llorosa la niña.

—Pues quítate el collar y tíralo al fuego —insistió el padre.

Mientras iba camino al fuego de la chimenea se oían los sollozos de la pequeña, cuando estaba frente a las llamas ardientes tomó con sus manitas el collar y lo tiró. Mientras ardía se quedó mirando el fuego. En ese momento, las manos delicadas de su padre rodearon su cuello con un nuevo collar, pero este era de perlas verdaderas.

Hasta que no soltemos lo que nos está atando, no podemos recibir lo verdadero. Dios tiene lo verdadero para tu vida, solo te resta tomarlo.

Hasta que no soltemos lo que nos está atando, no podemos recibir lo verdadero. Dios tiene lo verdadero para tu vida, solo te resta tomarlo.

Capítulo 12

Cuando Dios truena

«Mientras Samuel ofrecía el sacrificio, los filisteos avanzaron para atacar a Israel. Pero aquel día el Señor lanzó grandes truenos contra los filisteos. Esto creó confusión entre ellos, y cayeron derrotados ante los israelitas» (1 Samuel 7:10).

El calor producido por la descarga eléctrica de un rayo calienta el aire y lo expande bruscamente, dando lugar a ondas de presión que se propagan como ondas sonoras. Cuando esas ondas pasan sobre el observador, este percibe un ruido denominado trueno.

Para el pueblo de Israel, el trueno era una manifestación o una señal del poder de Dios en el mundo espiritual. El trueno representaba una experiencia especial esperada por el pueblo. Siempre que Dios tronaba se manifestaba una victoria total y aplastante sobre todo enemigo y obstáculo. Cuando Dios tronaba toda fortaleza era destruida y como consecuencia de este tronar venía un nuevo comienzo de bendición, de abundancia, de gracia y de liberación.

> *Cuando Dios tronaba toda fortaleza era destruida.*

En hebreo «trueno» significa «voz». En otras palabras, el trueno de Dios representa la voz de Dios. Es la manifestación de la poderosa voz de nuestro Señor directamente desde su trono.

El poder de su voz

«*La voz del* SEÑOR *está sobre las aguas; resuena el trueno del Dios de la gloria; el* SEÑOR *está sobre las aguas impetuosas. La voz del* SEÑOR *resuena potente; la voz del* SEÑOR *resuena majestuosa. La voz del* SEÑOR *desgaja los cedros, desgaja el* SEÑOR *los cedros del Líbano; hace que el Líbano salte como becerro, y que el Hermón salte cual toro salvaje. La voz del* SEÑOR *lanza ráfagas de fuego; la voz del* SEÑOR *sacude al desierto; el* SEÑOR *sacude al desierto de Cades. La voz del* SEÑOR *retuerce los robles y deja desnudos los bosques; en su templo todos gritan: "¡Gloria!"*» (Salmo 29:3-9).

«*La voz de tu trueno estaba en el torbellino; tus relámpagos alumbraron el mundo; Se estremeció y tembló la tierra*» (Salmo 77:18 RV).

«*En el cielo, entre granizos y carbones encendidos, se oyó el trueno del Señor, resonó la voz del Altísimo.*

Lanzó sus flechas, sus grandes centellas; dispersó a mis enemigos y los puso en fuga. A causa de tu represión, oh Señor, y por el resoplido de tu enojo, las cuencas del mar quedaron a la vista; ¡al descubierto quedaron los cimientos de la tierra! Extendiendo su mano desde lo alto, tomó la mía y me sacó del mar profundo. Me libró de mi enemigo poderoso, de aquellos que me odiaban y eran más fuertes que yo. En el día de mi desgracia me salieron al encuentro, pero mi apoyo fue el Señor. Me sacó a un amplio espacio; me libró porque se agradó de mí» (Salmo 18:13-19).

El trueno es la voz creativa, poderosa y aplastante de Dios, y la manifestación de su trueno es una reacción del cielo por una acción en la tierra. Es una contestación a algo que se hace aquí en la tierra.

Samuel hizo que Dios tronara y parte de la historia se describe en 1 Samuel 7:9-10: «*Samuel tomó entonces un cordero pequeño y lo ofreció en holocausto al SEÑOR. Luego clamó al SEÑOR en favor de Israel, y el SEÑOR le respondió. Mientras Samuel ofrecía el sacrificio, los filisteos avanzaron para atacar a Israel. Pero aquel día el SEÑOR lanzó grandes truenos contra los filisteos. Esto creó confusión entre ellos, y cayeron derrotados ante los israelitas*».

La oración es la acción en la tierra que produce una reacción

> *La oración es la acción en la tierra que produce una reacción en el cielo.*

en el cielo. Pero no es cualquier clase de oración, es la oración eficaz que llega al cielo y que causa una reacción ante él.

Santiago dice que la oración eficaz del justo puede mucho. Porque hay oraciones que no son eficaces. «Eficaz» significa, «poder, empuje, fuerza». La oración eficaz es la que llega al trono de Dios. Tú puedes orar con hermosas expresiones,

La oración eficaz es la que llega al trono de Dios.

puedes saber decir muy bellas palabras y mencionar todos los textos de la Biblia, y cuando terminas la gente te dice: «Qué bien oraste», pero si la oración no llega a la presencia de Dios, no fue una oración eficaz.

Oración eficaz

Lo que hace que una oración tenga poder es que Dios la escuche. Si oras para que Dios te escuche tienes que saber cuáles son los elementos principales para que tu oración sea una oración eficaz.

Te explicaré algunos elementos para que tu oración sea eficaz:

El primer elemento es el conocimiento

En otras palabras, si no conozco la voluntad de Dios no puedo hacer oraciones eficaces. Tengo que llenarme de conocimiento de la Palabra de Dios, no de lo que hablan en las noticias, el periódico y las novelas. Si no conozco lo que Dios me ha concedido, aunque pida, mi oración no será contestada porque voy a pedir mal.

Un hombre me dijo que estaba orando para que una compañera de trabajo se divorciara y se casara con él. Esa no es una oración eficaz, no se eleva más allá de su cabeza. Hay personas que no saben orar porque no tienen conocimiento.

El texto en 1 Juan 5:14-15 dice: *«Ésta es la confianza que tenemos al acercarnos a Dios: que si pedimos conforme a su voluntad, él nos oye. Y si sabemos que Dios oye todas nuestras oraciones, podemos estar seguros de que ya tenemos lo que le hemos pedido».* Si pedimos las cosas según la voluntad de Dios, él nos oye y responde. Si él te escucha, te responde.

El segundo elemento necesario para alcanzar una oración eficaz es la fe

Necesitas tener fe en Dios, confiar en la capacidad de Dios para contestar tu oración y que esta sea eficaz. Tienes que confiar que Dios tiene el poder para hacer lo que él quiere, cuando él quiera y como quiera hacerlo. No hay nada imposible para Dios. La voluntad de Dios es sanarte, porque la Palabra dice que por sus llagas fuimos curados. Él tiene poder para sanar las enfermedades y librarte en el nombre de Jesús.

> *La voluntad de Dios es sanarte, porque la Palabra dice que por sus llagas fuimos curados.*

El tercer elemento para acceder a una oración eficaz es tener un corazón limpio y puro

«*Si en mi corazón hubiera yo abrigado maldad, el SEÑOR no me habría escuchado*» (Salmo 66:18).

Si tu corazón está lleno de pecado, amargura y resentimiento, Dios no te escuchará. Pero si tienes un corazón limpio, tu oración será oída en el cielo. Cuando Jesús habló del poder de la oración le enseñó a sus discípulos: «Cuando estéis orando, perdonad. Porque si no perdonas tampoco tu padre te perdonará». Tienes que tener un corazón limpio y puro para que tu oración sea escuchada en los cielos. Si en él hay iniquidad, tu oración no pasará mas allá de tu nariz.

El cuarto elemento necesario es tener un corazón generoso

La Biblia relata que Samuel no solo oró, sino que presentó sacrificio delante del Señor. Presentó un holocausto delante de él. Su oración se mezcló con el sacrificio. Si tu oración tiene un corazón generoso, y sumado a eso se añade tu oración, esta será escuchada en los cielos.

> *«Había en Cesarea un hombre llamado Cornelio, centurión de la compañía llamada la Italiana, piadoso y temeroso de Dios con toda su casa, y que hacía muchas limosnas al pueblo, y oraba a Dios siempre»* (Hechos 10:1-2 RV).

En griego la palabra «limosna» significa «compasión». No podemos hacer que algo funcione en el cielo con dinero, sin embargo, podemos hacer que una oración funcione a través del efecto de la compasión. La acción sin la compasión no sirve de nada. Cuando tu compasión tiene acción se manifiesta en algo: dando. Eso se llama «limosna», en otras palabras «compasión».

> *Cuando tu compasión tiene acción se manifiesta en algo: dando.*

El reino de los cielos frente a nuestra oración

Cuando tu oración llega al cielo ocurre esto:

> *«Se acercó otro ángel y se puso de pie frente al altar. Tenía un incensario de oro, y se le entregó mucho incienso para ofrecerlo, junto con las oraciones de todo el pueblo de Dios, sobre el altar de oro que está delante del trono. Y junto con esas oraciones, subió el humo del incienso desde la mano del ángel hasta la presencia de Dios. Luego el ángel tomó el incensario y lo llenó con brasas del altar, las cuales arrojó sobre la tierra; y se produjeron truenos, estruendos, relámpagos y un terremoto»* (Apocalipsis 8:3-5).

Este principio nos demuestra cómo opera el reino de los cielos. Tu oración es procesada de esta manera: Cuando la oración llega al cielo la recibe un ángel, pone tu oración en el incensario y le añade incienso. Luego estira su mano y el incienso sube donde está el trono de Dios.

Cuando Dios respira el olor grato del perfume del incienso le da la orden al ángel, que toma el fuego del altar y le añade las brazas del altar. Luego lo lanza de regreso a la tierra, pero ahora contiene tu oración envuelta en el fuego del altar de Dios. La respuesta a esa oración ingresa a la atmósfera terrenal y golpea como un relámpago. Hay voces, truenos, y sobre todo un terremoto, porque ninguna fortaleza de las tinieblas puede resistir la voz del trueno de Dios.

El incienso es una fragancia grata y así lo asevera la Biblia. «*Ya he recibido todo lo que necesito y aún más; tengo hasta de sobra ahora que he recibido de Epafrodito lo que me enviaron. Es una ofrenda fragante, un sacrificio que Dios acepta con agrado*» (Filipenses 4:18).

Cuando tu oración llega al cielo envuelta con los actos de compasión, el ángel los toma como incienso y los mezcla con tus oraciones, al hacerlo lo presenta delante de Dios y sube el incienso a su presencia como olor fragante, sacrificio acepto, agradable a Dios.

El problema es que cuando oramos nos desesperamos porque no sabemos qué está pasando en el cielo. Pero cuando tú conoces este proceso, no te desesperas porque sabes que lleva tiempo y muchas veces no es instantáneo.

Recuerdo que en algunas oportunidades cuando trabajaba secularmente y tenía que enviar un paquete por correo para resolver algo urgente, luego de haberlo despachado aún continuaba desesperado y ansioso. Pero este envío tenía un proceso y debía comprender que eso funcionaba de esa manera.

Entonces pensé: «No tengo que desesperarme». Media hora después de haber dicho eso se me cruzó este pensamiento: «Tal vez ya llegó a la oficina de correos». Primero va a la oficina, luego en un camión al aeropuerto, y una hora después dije: «Ahora tienen que estar subiéndolo al avión». Minutos después pensé: «Ahora lo están acomodando en el avión». Después dije: «El vuelo será de dos horas y media». Esperé las tres horas tranquilo y volví a pensar: «Seguro está aterrizando». Y así lo imaginé paso a paso hasta el proceso final. Un par de horas más tarde recibí una llamada confirmando que habían recibido el paquete que fue enviado. Aunque me había puesto ansioso no me desesperé.

De esta misma manera, si sabes lo que está pasando en el cielo no te desesperarás, porque cada vez que envías un pedido al cielo este es procesado. Primero lo recibe un ángel y entonces tú puedes decir tan pronto te levantas de tu oración: «Yo sé lo que está pasando ahora, el ángel lo recibió y lo está poniendo en el incensario». Minutos más tarde puedes pensar: «Ahora lo está acomodando y le está añadiendo los actos de compasión que yo he hecho, y lo está mezclando con el incienso». Luego puedes imaginarte que el ángel está estirando su mano y el incienso se eleva para llegar al trono de Dios. Luego él huele el perfume y le da la orden al ángel que actúe. Este toma fuego del altar y lo añade a las oraciones y al incienso, entonces solo resta esperar las órdenes del cielo para lanzarlo a la tierra.

El ángel espera con el incensario en sus manos la orden de Dios. En ese momento el Señor le dice: «Levanta tu mano y arroja la oración envuelta en fuego del altar». Así comienza a bajar la respuesta a nuestra oración eficaz, pero también sé que esa respuesta me va a golpear como trueno que viene del cielo.

El relámpago que ilumina

Antes del trueno llega el relámpago. La luz es más rápida que el sonido. Pero para que haya un trueno, primero tiene que haber un relámpago. El relámpago trae luz al mundo y el trueno derrota al enemigo, pero en el mismo lugar donde cae el relámpago.

Los hijos de Dios están esperando que Dios haga milagros en su vida, pero los milagros y las señales son para que los inconversos vean y crean.

El relámpago es luz, y en la Biblia la luz está asociada con la revelación de la palabra. Cuando oro a Dios lo que me es devuelto no es un milagro que no sé cómo ocurrió. A los hijos de Dios, se le devuelve sus oraciones en revelación de la Palabra.

El espíritu de sabiduría y revelación llega a nuestra vida cuando el trueno de Dios nos golpea. Así alumbra los ojos de nuestro entendimiento a través de la luz del trueno. Esto

> *El espíritu de sabiduría y revelación llega a nuestra vida cuando el trueno de Dios nos golpea.*

hace que la palabra que sale de la boca de Dios se convierta en «rehma» en nuestra vida y la iglesia reciba revelación para superación los obstáculos.

La revelación del espíritu no es la palabra «logos». La palabra «logos» es la que viene de afuera para dentro. La palabra «rhema» es la palabra revelada, que cuando Dios te la habla viene de adentro para fuera.

*«Pido que el Dios de nuestro Señor Jesucristo, el Padre glorioso, les dé el **Espíritu de sabiduría y de revelación**, para que lo conozcan mejor. Pido también que les sean **iluminados los ojos del corazón** para que sepan a qué esperanza él los ha llamado, cuál es la riqueza de su gloriosa herencia entre los santos cuán incomparable es la grandeza de su poder a favor de los que creemos. Ese poder es la fuerza grandiosa y eficaz que Dios ejerció en Cristo cuando lo resucitó de entre*

los muertos y lo sentó a su derecha en las regiones celes-
tiales, muy por encima de todo gobierno y autoridad,
poder y dominio, y de cualquier otro nombre que se
invoque, no sólo en este mundo sino también en el
venidero. Dios sometió todas las cosas al dominio de
Cristo, y lo dio como cabeza de todo a la iglesia. Ésta,
que es su cuerpo, es la plenitud de aquel que lo llena
todo por completo» (Efesios 1:17-23).

Cuando oro por sanidad, mi oración sube al cielo y Dios
me responde con el relámpago que trae luz, revelación dentro de mí. Tan pronto veo lo que dice la Palabra, aunque lo
aprendí en el instituto bíblico, aunque fui a la universidad
cristiana, aunque lo leí en la Biblia, lo estudié en «logos»,
porque entró por los sentidos naturales, de afuera para dentro. Pero la respuesta que viene enviada por Dios desciende
como relámpago y me golpea. Enciende la luz interior y me
es revelado espiritualmente lo que Dios me está diciendo:
«que por sus llagas fui curado y que estoy sano».

En una ocasión, cuando empecé el ministerio evangelís-
tico, el Señor me dijo: «No aceptes compromiso, no salgas a
predicar porque te voy a hablar». Me pregunté por qué razón
el Señor me pedía esto, yo vivía de las ofrendas. Me postré a
orar y le dije a Dios que obedecería su pedido pero él debía
suplirme. Mi duda era: «¿Cómo pago la renta?». Obedecí al
Señor y me quedé en mi casa esperando que el Señor me
hablara y me dijera: «Edwin, levántate, te voy a hablar».

Un día estaba orando y el Señor me dijo que abriera la
Biblia porque que quería hablarme. Cuando abrí el libro,
encontré un texto que había leído muchas veces acerca del
pueblo de Dios: *«Y te afligió, y te hizo tener hambre, y te sus-*
tentó con maná, comida que no conocías tú, ni tus padres la
habían conocido, para hacerte saber que no sólo de pan vivirá
el hombre, mas de todo lo que sale de la boca de Jehová vivirá el
hombre» (Deuteronomio 8:3). Esta palabra me golpeó como

un rayo. El relámpago trajo luz y pude entender que no eran las ofrendas las que me sostendrían, no eran los cheques los que me sustentarían, era la Palabra de Dios la que lo haría.

Cuando Dios quiere hacer algo grande en tu vida, no lo hace por fuera, comienza dentro de ti. Todo milagro para los hijos de Dios comienza de adentro hacia fuera, no de afuera hacia dentro. Lo que has leído tantas

Tu problema económico no es un problema de abundancia sino de revelación.

veces dejará de ser a nivel intelectual y se convertirá en la voz de Dios hablando a tu vida.

Dios responde milagrosamente con revelación. Tu problema económico no es un problema de abundancia sino de revelación. Si Dios alumbra dentro de ti y ves lo que él ha prometido en su Palabra se acabará la pobreza en tu vida. La reacción del cielo será enviar un relámpago que te golpee, te dará luz y te revelará la Palabra.

El trueno de la revelación

El trueno es la voz de Dios, y cuando recibo revelación de la Palabra, Dios truena en mi vida. Nosotros somos el contacto físico de Dios en esta tierra, porque él es espíritu pero nosotros somos su contacto humano. Cuando él quiere tronar usará tu propia garganta. Primero tienes que ser golpeado con el relámpago y después vendrá el trueno. Si no recibes la luz del relámpago, no tienes autoridad para hablar lo que Dios está hablando. Cuando el relámpago golpea a tu vida, lo próximo que viene es el trueno de Dios.

Es bueno leer y recibir toda la información «logos» en tu cabeza, pero al conocimiento le hace falta la revelación, el rayo de Dios en tu vida. Pero primero necesitas ser golpeado por el relámpago de Dios.

Cuando Jesús dijo: «El espíritu de Dios está sobre mí», quiso decir que la revelación estaba fluyendo de él. Por eso, cuando dijo: «Lázaro, ven fuera». Lázaro lo escuchó. El trueno de la voz de Dios sonó dentro de la tumba. Cuando Jesús le dijo al mar embravecido que callara, se calmó porque oyó el trueno de Dios. Cuando echó fuera los demonios del gadareno, estos salieron por el trueno de Dios.

> *Cuando hablas y tienes revelación del espíritu, tu voz se transforma en el trueno de Dios.*

Cuando hablas y tienes revelación del espíritu, tu voz se transforma en el trueno de Dios. Cuando el enemigo te molesta y tú le hablas diciéndole que salga fuera de tu vida, es el trueno de la voz de Dios el que sale desde tu garganta.

La Palabra dice: «*Voz de Jehová sobre las aguas; Truena el Dios de gloria, Jehová sobre las muchas aguas. Voz de Jehová con potencia; Voz de Jehová con gloria. Voz de Jehová que quebranta los cedros; Quebrantó Jehová los cedros del Líbano. Los hizo saltar como becerros; Al Líbano y al Sirión como hijos de búfalos. Voz de Jehová que derrama llamas de fuego; Voz de Jehová que hace temblar el desierto; Hace temblar Jehová el desierto de Cades. Voz de Jehová que desgaja las encinas, Y desnuda los bosques; En su templo todo proclama su gloria*» (Salmo 29:3-9 RV).

El enemigo dice: «Ese parece Edwin Santiago, pero tiene la voz de Dios». Esa fue la voz que yo escuché cuando Jesús en la cruz gritó: «Consumado es». Tú recibes el relámpago y hablas en el trueno.

Cuando Dios truena

Jesús dijo que cualquiera que le dijere a este monte: «quítate y échate en el mar», le será hecho, pero a los obstáculos no se le ora. Dios te da una revelación y la revelación te da una confesión, y el trueno hace que los montes se muevan. El trueno hace que se remuevan los obstáculos.

El libro de Apocalipsis dice que en su mano derecha tenía siete estrellas, y de su boca salía una aguda espada de dos filos. El original griego dice que era una espada aguda de «dos bocas». Dios estableció su palabra: «El cielo y la tierra pasarán más mi palabra no pasará». La Palabra de Dios no se puede cambiar, él la estableció, pero cuando te golpea el relámpago tú le añades el otro filo.

El Espíritu Santo habla en la tierra lo que ya se ha establecido en el cielo. Si fue confirmado en el cielo, la revelación del espíritu te golpea y te dice: «Serás salvo tú y tu casa». La palabra del Padre está establecida en los cielos, pero cuando la hablas por tu boca y repites lo que Dios está diciendo, sale el otro filo de la espada.

La palabra es como espada de dos filos que atraviesa, parte y discierne. Cuando esta palabra es hablada por tu boca sale con el filo de Dios y corta, y discierne tu medio ambiente. No importa lo que esté en el medio, el trueno de Dios se manifiesta en tu vida. Lo único que necesito es orar y meditar en la palabra.

Al orar me aseguro que la oración tenga los elementos principales para que sea una oración eficaz y el ángel la tome y la ponga en el incensario para añadirle incienso, que suba al Señor para que le diga al ángel que tome fuego del altar y lo mezcle con mis oraciones. Después el ángel lo lanzará a la tierra.

Cuando los discípulos estaban orando en el aposento alto esperando la promesa del Señor, se le presentó sobre su cabeza lenguas de fuego. Cuando tu lengua está encendida en fuego es porque tienes la revelación del relámpago de Dios, y el fuego del altar que te alumbró toma tu lengua y es el otro filo de la espada.

No puedo hablar si no tengo luz, pero cuando la luz me alumbra, la información que está dentro de mí es alumbrada.

Entonces, el Espíritu Santo exclama: «Así dice el Señor». Entonces mi hablar tendrá el fuego del altar y toda circunstancia será puesta bajo la autoridad de Aquel que gobierna sobre todas las cosas.

Conclusión

Aprender a vivir en la presencia de Dios y disfrutar de su gozo que sana, libera y restaura, es una experiencia maravillosa. Si comprendes las palabras de este libro en un nivel de conocimiento más profundo que la simple interpretación de las palabras, habrás ingresado a un diferente nivel de vida, una nueva dimensión espiritual. Habrás accedido a los lugares que el Señor preparó al traer su Reino a nosotros.

A lo largo de estas páginas hemos atravesado las diferentes barreras que impedían recibir un crecimiento espiritual para ingresar a lo nuevo de Dios, a aquello que tal vez a muy pocos les fue revelado, pero que es abierto para todo aquel que desea recibirlo.

Te animo a que compartas conmigo tu experiencia escribiendo a:

Tabernáculo de Amor
2390 S. Military Tr.
West Palm Beach, Fl. 33415
561- 966-7900
www.tabernaculodeamor.org
Email: lovetab@msn.com

Rompiendo los Límites

Tabernáculo de Amor
0-8297-4512-2

Alabanza y adoración en vivo desde «Tabernáculo de Amor», en la Florida, bajo la dirección de Sarah Miranda. Diez sencillos temas que glorifican a Jesucristo y que forman un recurso valioso para enriquecer la alabanza en las congregaciones de habla hispana. El álbum «Rompiendo los Límites» es el primero de una serie de grabaciones que E.S. Ministries lanzará, y encierra la visión del pastor Edwin Santiago, de alcanzar y transformar a las naciones a través de los pastores y líderes de las iglesias. La dirección musical estuvo a cargo de David Avilés, que posee una gran trayectoria en el ambiente musical cristiano, mientras que el productor musical fue Johnny Colón. En este álbum las alabanzas enfatizan a Jesús como el único que nos da las fuerzas y el poder de vencer todo límite y barrera.

Canciones:
Con todo mi corazón • Exáltate Señor • Mi sustento es • Mostremos • Nada sin Ti, Jesús • Quiero hacer tu voluntad • Rompe los límites • Te adoraré
Tu presencia • Vamos todos a alabar

Nos agradaría recibir noticias suyas.
Por favor, envíe sus comentarios sobre este
libro a la dirección que aparece a continuación.
Muchas gracias

Editorial Vida
7500 NW 25 Street Suite # 239
Miami, Fl. 33122

Vidapub.sales@zondervan.com
http://www.editorialvida.com